Hiltl.
Vegetarisch nach Lust und Laune

Gewidmet meiner Familie. Rolf Hiltl

Hiltl. Vegetarisch nach Lust und Laune

WERDVERLAG

10., aktualisierte und erweiterte Auflage

Rezepte: Familie Hiltl und ihre Köche,
bearbeitet und gekocht von Helmut Schattauer und Sven Zyschka
Styling und Rezeptredaktion neue Rezepte: Karin Messerli, Zürich
Food-Fotos: Marie-Pierre Morel, Paris
Redaktioneller Teil und Chronik: Paul Imhof
Fotos: Seiten 178, 179, Arsène Saheurs, Zürich;
Seiten 180 bis 189, Archiv Familie Hiltl, Seite 184 m., Thomas Burla, Zürich;
Seite 185 o.l., Beatrice Niederau, Zürich;
Seite 192, Wirz Werbung AG
Lektorat: Christina Sieg, Berikon und Elisabeth Schüsslbauer, Zürich
Korrektorat: Heike Burkard, Henggart
Gestaltung: Scherer Kleiber CD, Zürich
Druck: Bodan AG Druckerei und Verlag, Kreuzlingen
ISBN 3-85932-492-6

*Zusätzliche Rezepte (10. Auflage)

Seit 1898

Vegetarisch nach Lust und Laune

1998 feierte das vegetarische Restaurant Hiltl in Zürich das hundertjährige Bestehen. Zu diesem Anlass brachten wir dieses Buch zum ersten Mal heraus. Niemand konnte ahnen, niemand wagte zu prophezeihen, dass dem Buch «Vegetarisch nach Lust und Laune» ein derart grosser Erfolg beschieden sein würde. Es wurde ins Französische und ins Englische übersetzt, insgesamt wurden über 50 000 Exemplare verkauft. Das enorme Interesse an vegetarischem Essen und an unserem Restaurant hat uns selbstverständlich gefreut, und jetzt freuen wir uns besonders, weil wir die zehnte Auflage unseres Hiltl-Klassikers präsentieren können. Wir haben das Buch aufgefrischt und ergänzt.

Noch vor zehn Jahren sorgte die vegetarische Küche bei vielen Leuten für Erstaunen. «Was, kein Fleisch? Nicht einmal Fisch haben Sie?» Das fragten uns irritierte Touristen, die wegen der Fassade, dem Ambiente oder wegen des stets gut besetzten Lokals eher zufällig unser Restaurant betraten. Ich konnte manchmal nachfühlen, dass beim Wort «vegetarisch» nicht unbedingt an feines Essen in lockerer Atmosphäre gedacht wurde. Diese lustlose Einschätzung beruhte damals gewiss auch auf Vorurteilen, aber nicht nur.

Das Credo, dass vegetarisches Essen langweilig sei und eher mit Krankenkost als mit genussvollem Essen gleichzusetzen sei, war lange verbreitet. Heute sind die Vorurteile ausgeräumt. Fleischlose Kost ist kein Schimpfwort mehr, sondern Teil eines kulinarischen Reichtums, der sich allein an Qualität und Geschmack orientiert, an Abwechslung und Vielfalt.

Ob mit oder ohne Fleisch – entscheidend für gutes Essen sind Produkt und Kochkunst. Das wusste mein Urgrossvater schon längst, als er 1948 zum 50-Jahr-Jubiläum schrieb: «Wer zu mir kommt, soll sich zu Hause fühlen, soll gut, abwechslungsreich, gesund und nahrhaft essen.»

Denn wir wollen Lebensfreude vermitteln. Wir stellen den Menschen – Mitarbeitende und Gäste – in den Vordergrund. Seit vier Generationen vereinen wir Innovation und Tradition. Als Team wollen wir unsere Gäste täglich neu begeistern, und so geben wir gerne einen Teil unserer Arbeit weiter. Einige der über 80 Rezepte sind so beliebt, dass sie im Restaurant nicht mehr wegzudenken sind; eingeschlossen mehr als 20 Rezepte, die seit Erscheinen der 1. Auflage von unseren Gästen immer wieder gewünscht worden sind. Sogar das Geheimnis unseres Karottensalats geben wir preis.

Dieses Buch gilt auch als Dank an meine Vorfahren und alle Mitarbeitenden. Gut neunzig Personen sorgen jeweils dafür, dass «Hiltl», das älteste vegetarische Restaurant Europas, auch das jüngste bleibt.

Rolf Hiltl

Fleisch nach Lust und Laune

Beide gelernte Köche, einer Teilzeit-Vegetarier und einer Jäger – was unterscheidet Rolf Hiltl und Beat Caduff?

Rolf Hiltl: Teilzeit-Vegetarier heisst für mich, dass ich gerne gut und genussvoll esse, und dass ich manchmal Lust auf ein feines Stück Fleisch oder Fisch habe.

Beat Caduff: Manchmal esse ich auch fleischlos, aber ich kann mir nicht vorstellen, mich nur noch von Pflanzen zu ernähren.

Seit Ende der 1990er-Jahre hat sich der Umgang mit Fleisch verändert. Zunehmend mehr Leute essen weniger Fleisch, auch ohne sich als Vegetarier zu bezeichnen.

Hiltl: Das hängt mit den Skandalen um die Nutztierhaltung zusammen. Am Tag, als der Tages-Anzeiger die Story mit dem Rinderwahnsinn auf der Frontseite brachte, standen die Leute bei uns Schlange bis auf das Trottoir hinaus. Das Problem ist vor allem die Haltung der Tiere. Wenn ich über Land spaziere und sehe, wie zum Beispiel Schweine gehalten werden, dann verstehe ich schon, wenn eines meiner Kinder sagt, du Papi, ich will kein Fleisch mehr essen.

Caduff: Zunehmender Verzicht auf Fleisch hängt auch mit den Aromen zusammen. Wenn man ein Kotelett von einem Industrie-Schwein verzehrt hat, und das Kotelett hat gerochen, «gsäuelet», oder wenn man ein Poulet gegessen hat, das mit Fischmehl gefüttert worden ist, kann ich sehr gut verstehen, dass man kein Fleisch mehr essen will.

Sind – in diesem Sinne – nicht die meisten Hiltl-Gäste Teilzeitvegetarier?

Hiltl: Ja. Wir haben eine Umfrage gemacht, in der über 90 Prozent unserer Gäste gesagt haben, sie würden ab und zu Fleisch oder Fisch essen.

Hat das mit Überzeugung zu tun oder einfach mit Lust auf weniger Fleisch?

Hiltl: Sowohl als auch. Einige Leute essen kein Fleisch, weil sie sagen, es reicht, diese Haltung, diese Tiertransporte: Ich will ein Zeichen setzen, ich esse weniger Fleisch. Ich persönlich bin überzeugt, dass die Gäste in erster Linie ins Hiltl kommen, weil das Essen gut ist. Weil wir gut kochen, weil der Service freundlich ist, weil wir die Leute ernst nehmen, weil wir den Menschen mit Wertschätzung begegnen.

Entscheidend ist also die Qualität?

Caduff: Plus der Wunsch, leichter zu essen. Das merke ich auch bei mir. Früher brauchte ich vor allem Butter, heute nehme ich Olivenöl. Ausserdem haben auch andere Restaurants gemerkt, dass man ohne Fleisch oder Fisch ausgezeichnete Gerichte kreieren kann. Früher gabs einfach Grilltomate und verkochte Rüebli.

Das Angebot von pflanzlichen Lebensmitteln ist bedeutend besser geworden.

Hiltl: Es ist gut. Es könnte noch besser sein. Ich war einmal auf dem Victoria Market in Melbourne, das ist nun wirklich genial, was dort geboten wird. Diese Produkte! In Australien ist immer irgendwo Saison. Davon sind wir in der Schweiz weit entfernt.

Liegt das an der Qualität der pflanzlichen Lebensmittel hier, oder an der Auswahl?

Hiltl: Am Klima. Es ist nun einmal kalt im Winter.

Caduff: Und an gewissen Zollschranken. Es gibt immer noch Einfuhrbeschränkungen, um die schweizerische Landwirtschaft zu schützen. Man kann nicht ohne weiteres etwas importieren, das besser ist. Wenn ein Schweizer Bauer etwas gut macht, dann kann er es auch verkaufen; und wenn er schlechte Produkte erzeugt, warum soll ihm der Staat helfen, diese zu verkaufen?

Arbeiten Sie beide mit Bio-Produkten?

Hiltl: Wir haben viele Bio-Produkte. Die Eier zum Beispiel stammen aus Freilandhaltung mit Knospe aus der Schweiz; auch die Milchprodukte stammen aus Knospenbetrieben. Beim Gemüse ist das biologische Produkt nicht per se besser, da schauen wir einfach auf die Qualität. Es ist ähnlich wie beim Wein. Der Wein muss einfach gut sein. Das Gemüse muss frisch sein, knackig, voll im Geschmack, und wir wollen wissen, wo es angebaut worden ist. Und wenn es dann noch biologisch ist, umso besser.

Caduff: Da hast du vollkommen Recht. Wenn man einen guten Wein machen will, kann man gar nicht viele Hilfsmittel verwenden. Das einzige Marketing ist der Inhalt, das Aroma. Wichtig ist, dass eine Tomate eine Tomate ist und auch so schmeckt.

Wer gerne Fleisch isst, ist süchtig nach dem Duft des Anbratens, wenn unter der Wirkung von Hitze aromatische Verbindungen zwischen Eiweiss und Zucker entstehen, die so genannte Maillard-Reaktion. Wie kann man die Maillard-Reaktion in der vegetarischen Küche ersetzen? Oder soll man darauf verzichten

Hiltl: Jaja, dieser Duft, beim Grillieren im Garten zum Beispiel. Ich muss einräumen, da haben wir ein Problem. Es ist schwierig, diesen Geruch allein mit Gemüse zu schaffen. Wir bieten beispielsweise Gemüse an einer Rotweinsauce an, Gemüsevoressen nennen wir das Gericht, das klingt ein bisschen altmodisch. Aber die Rotweinsauce, die unsere Köche da ohne Fleisch zustande bringen, ist super. Also die kommt extrem nahe an diese Maillard-Reaktion heran. Aber sonst beim

Fleisch? Da behaupte ich – und du musst mir widersprechen, Beat – da ist es doch vor allem die Sauce, da sind es die Gewürze, die den Geschmack ausmachen.

Caduff: Eine Sauce kann schon sehr entscheidend sein. Nur, bei Fleischaromen gibt es natürlich riesige Unterschiede. Wie beim Gemüse. Ich kaufe nur Produkte, die authentisch schmecken. Die sind teurer, ob Fleisch oder Gemüse. Es gibt Tomatensorten, die kosten pro Kilo 2 Franken, aber auch solche, für die ich 8 Franken zahlen muss. Doch den Unterschied, den schmeckt man. Ich nehme für meine Saucen doppelt so viel Gemüse wie Knochen.

Hiltl: Der Maillard-Ersatz, der wäre für mich angebratene Zwiebeln.

Caduff: Das denke ich auch. Ätherische Öle. Eschalotten; Sellerie geht auch. Mit Tofu, diesen Sojasachen, da gehts weniger. Es ist schon vor allem die Zwiebel, die es ausmacht. Zwiebel gibt viel Aroma ab, mit Schale natürlich.

Hiltl: Wenn wir zu Hause grillieren, legen wir immer etwa hälftig Fleisch und Gemüse auf den Rost. Mir schmeckt das Gemüse immer besser, eine grillierte Tomate gibt auch sehr viel Eigengeschmack, genauso Zwiebel, Zucchetti. Man muss eben etwas Olivenöl dazunehmen, das macht viel aus, stärkt den Geschmack.

Wenn man ein schönes Kalbskotelett gekauft hat, sieht man es als Zentrum des Tellers und baut den Rest des Gerichts um dieses Stück Fleisch herum auf. Wie entwirft man die Menüarchitektur, wenn man das Fleisch weglässt?

Hiltl: Die Beilage wird zur Hauptsache. Es ist eine grosse Herausforderung an die Köche, ohne Fleisch etwas zu kochen. Natürlich muss man ein Kalbskotelett auch richtig braten können, aber ich bin der Meinung, dass es aufwändiger ist, ohne Fleisch zu kochen als mit Fleisch. Wenn man aus diesen so genannten Beilagen Hauptgerichte kreieren muss.

Caduff: Stimmt, was du sagst. Die meisten Köche sind überfordert, wenn sie vegetarisch kochen müssen. Für ein vegetarisches Menü brauche ich fast doppelt so viel Zeit wie für ein Menü mit Fleisch. Vor diesem Aufwand scheuen sich viele Köche.

Und schicken lieber den Gemüseteller in die Gaststube?

Caduff: Nicht mehr. Den Gemüseteller hat man wirklich kaputtgekocht. Da hat man einfach fünf, sechs verschiedene Gemüse auf den Teller gelegt, das Ganze in den Dampf geschoben und nachher ein bisschen Butterflocken darüber gestreut.

Wie macht man es richtig?

Caduff: Man bereitet jedes Gemüse einzeln zu.

Und die Grosse Pièce?

Hiltl: Da denke ich spontan an den Riesenbovist. Als mein Grossvater das Hiltl führte, gab es Riesenbovist, zum Beispiel als Schnitzel. Doch heute findet man diesen Pilz nicht mehr. Aber das geht so Richtung Fleischersatz, das ist nicht unser Ziel. Viergänger sind bei uns natürlich auch möglich, aber nicht so klassisch à la Escoffier mit Grosse Pièce – das ist doch überhaupt vorbei.

Caduff: Ich würde auch mit diesem Aufbau arbeiten. Der Pilz kommt als Hauptgang, weil er am aromatischsten ist. Ob Bovist, Steinpilz oder Morchel.

Hiltl: Unser Pilz-Stroganoff zum Beispiel ist wundervoll!

Heute muss jedes gute Restaurant vegetarische Gerichte anbieten, allein schon bei einem Ehepaar ist längst nicht gesagt, dass beide Fleisch essen wollen.

Hiltl: Das merken wir natürlich, die Konkurrenz ist gewachsen. Aber ich sehe diese Entwicklung positiv, weil die vegetarische Küche heute alltäglich und nicht mehr eine Ausnahme ist. Sie hat sich etabliert, gilt als etwas völlig Normales. Heute isst man vor allem aus Lust vegetarisch, nicht nur, weil es der Arzt befohlen hat.

Was bieten die Schweizer Regionalküchen an vegetarischen Rezepten?

Caduff: Viel. All die Gerichte mit Kartoffeln – Rösti, Kartoffelstock! – oder mit Pilzen, Käse. Fondue ist ein vegetarisches Gericht. Man darf nicht vergessen, dass der Genuss von Fleisch in der Schweiz während langer Zeit der Oberklasse vorbehalten war. Für die Mehrheit gab es bestenfalls ab und zu einen Sonntagsbraten.

Dann sind wir, zieht man die ganze Geschichte in Betracht, traditionell nicht Teilzeit-Vegetarier, sondern Teilzeit-Karnivoren.

Hiltl: Trotzdem. Das Repertoire an vegetarischen Rezepten ist in der schweizerischen Kochtradition – eigentlich in der ganzen europäischen – weniger reichhaltig als in der indischen. Deswegen ist es kein Zufall, dass wir viele indische Gerichte anbieten. Wir suchen auf der ganzen Welt vegetarische Rezepte, vor allem auch leichtere, denn die fleischlosen Gerichte der schweizerischen Kochtradition sind grösstenteils ziemlich schwer – Kartoffeln, Käse. In den Bergen hat man eben nie leicht gegessen.

Caduff: Hier wars auch immer kälter. In einem warmen Klima isst man automatisch leichter. Wenn ich an thailändische Märkte denke, an all die Früchte und Gemüse, die es dort gibt, da kann man gut auf Fleisch verzichten …

Hiltl: … denn letztlich gehts doch einzig um die Freude am Genuss. Es geht um gutes Essen, gute Getränke und einen freundlichen Service. Täglich auf hohem Niveau. Das ist unser Credo.

Suppen

Karottensuppe

Mit frischem Ingwer (L)

4 Portionen

6 mittelgrosse Karotten
1 kleine Zwiebel
2 nussgrosse Stück Ingwerwurzel
40 g Butter
1 EL Zitronensaft
8 dl Wasser
2 dl Rahm
Meersalz, Pfeffer

Karotten, Zwiebel und Ingwer fein schneiden. Die Butter erhitzen und die Gemüse darin dämpfen. Zitronensaft beifügen – das gibt eine schöne Farbe. Mit Wasser auffüllen. Ca. 20 Minuten köcheln.
Mit dem Stabmixer fein pürieren. Rahm beigeben – bei Bedarf mit etwas Milch verdünnen. Pikant abschmecken.

Tipp:

Als Einlage in diese Suppe können Sie fein geschnittene, rohe Karottenstreifen verwenden. Ein Schuss trockener Vermouth gibt der Suppe eine besondere Note.

Linsen-Kastanien-Suppe

Für kühle Herbsttage (L)

4 Portionen

20 g Butter
½ Zwiebel, fein geschnitten
70 g rote Linsen
50 g braune Linsen
150 g Kastanien (tiefgekühlt)
1 TL Rohzucker
½ TL Madras-Curry, mild
½ TL Kurkuma (Gelbwurz)
1,2 l Wasser
1 EL Zitronensaft
Meersalz
Pfeffer aus der Mühle
1 dl Vollrahm
2 EL gehackte Petersilie

Die Butter erhitzen. Die Zwiebeln darin glasig dämpfen.
Die Linsen mit den Kastanien und den Gewürzen dazugeben, kurz mitdämpfen. Mit Wasser ablöschen, aufkochen. Bei kleiner Hitze 40 Minuten köcheln lassen. Mit Zitronensaft, Meersalz und Pfeffer abschmecken. Dann die Suppe pürieren.
Den Rahm dazugiessen, kurz aufkochen. Anrichten, mit Petersilie bestreuen.

Tipp:

Frische Kastanien mit dem Messer in der Rundung einritzen. Im siedenden Wasser kurz kochen. Noch heiss schälen, möglichst das feine, braune Häutchen ebenfalls entfernen. Sonst nochmals ins kochende Wasser geben.

Gurkensuppe

Die herrlich erfrischende Sommersuppe (V)

4 Portionen

2 Gurken
1 TL Senfsamen, hell
½ Zwiebel,
fein gehackt
1 EL Zitronensaft
2½ dl kalte Gemüse-
bouillon
Meersalz, Pfeffer
frischer Dill

Eine Gurke schälen, in kleine Stücke schneiden. Die Senfsamen mit einem Messer oder mit dem Wallholz zerquetschen. Gurkenstücke, Zwiebeln, Zitronensaft, Gemüsebouillon und die Gewürze mit dem Stabmixer oder im Mixerglas pürieren.
Die zweite Gurke ungeschält fein würfeln und mit kleinen Dillzweigen als Einlage in die Suppe geben. Einige Stunden kalt stellen.

Tipp:

Kurz vor dem Servieren einen Schuss Weisswein oder trockenen Vermouth beifügen.

Gemüse-Gazpacho

Bei uns im Sommer sehr beliebte kalte Suppe (V)

4 Portionen

10 mittelgrosse Tomaten
1 grüner Peperone (Paprikaschote)
1 Gurke
1 kleine Zwiebel, fein gehackt
2 Knoblauchzehen, fein geschnitten
3 EL Apfelessig
1 EL Tomatenextrakt
3 EL Olivenöl
Kräutersalz, Pfeffer
1 TL Sambal Oelek
2 EL Rohzucker

Die Tomaten übers Kreuz einschneiden, ca. 1 Min. in kochendes Wasser geben, herausnehmen und mit eiskaltem Wasser abschrecken. Häuten, mitsamt dem Saft in eine grosse Schüssel oder in den Mixer geben. Den Peperone in sehr feine Würfel schneiden. Die Gurke schälen und ebenfalls würfeln.
Zwiebeln, Knoblauch, die Hälfte der Gurkenwürfel, Essig, Tomatenextrakt, Olivenöl und die Gewürze zu den Tomaten geben und pürieren.
Die restlichen Gurkenwürfel sowie die Peperoniwürfelchen in die Suppe geben. Nach Belieben pikant abschmecken.

Tipp:

Mit Brotcroûtons servieren, evtl. mit etwas gutem Rotwein verfeinern.

WARING
COMMERCIAL
BAR
BLENDOR

Salate

Guacamole

Originalrezept aus dem «Las Brisas» in Acapulco (V)

4 Portionen

4 sehr reife Avocados
1 kleine Zitrone, Saft
1 kleine Zwiebel, fein gehackt
1 Bund Petersilie, fein gehackt
1 Messerspitze Chilipulver
15 Tropfen Tabasco
Meersalz
1 EL kaltgepresstes, ungefiltertes Olivenöl

Die Avocados halbieren, den Stein entfernen. Das Fruchtfleisch mit einem Löffel herauslösen und in eine Schüssel geben. Mit einer Gabel fein zerdrücken. Alle übrigen Zutaten beifügen und mit dem Schneebesen gut mischen.
Als Vorspeise mit Tortilla-Chips servieren.
Avocados verfärben sich sehr schnell und werden braun und unansehnlich. Damit Sie die Guacamole trotzdem vorbereiten können, drücken Sie die Avocadosteine ins fertige Püree und bedecken dieses mit Plastikfolie, die Sie direkt auf das Püree legen. So können Sie die Guacamole maximal 10 Stunden im Kühlschrank aufbewahren. Es funktioniert übrigens nur mit den Steinen – eine Erklärung dafür haben wir auch nicht.

Tipp:

Sie können der Guacamole auch noch einige frisch gehackte Korianderblätter und kleine Tomatenwürfel beifügen.

Chinesischer Spargelsalat

Grüner Spargel, in einer seltenen, exotischen Zubereitungsart (VG)

4 Portionen

1 kg grüner Spargel
2 Knoblauchzehen
1 nussgrosses Stück frische Ingwerwurzel
1 grüner Chili
2 EL Apfelessig
1 EL Reiswein
2 EL Sojasauce
1 Prise Rohzucker
1 EL Sesamöl
2 EL Sojaöl

Den Spargel frisch anschneiden und im unteren Drittel schälen. Die Stangen dritteln und in leicht gesalzenem Wasser ca. 8 Minuten knackig kochen. Abgiessen, mit eiskaltem Wasser abschrecken und beiseite stellen.

Knoblauch, Ingwer und den Chili fein hacken. Aus den restlichen Zutaten eine Sauce rühren und die gehackten Gewürze beifügen.

Die Sauce über die Spargelstücke geben, vorsichtig mischen und mindestens 1 Stunde ziehen lassen.

Auf Teller anrichten – nach Belieben auf einem schönen Blattsalat oder auf fein geschnittenem Chinakohl –, evtl. mit Sesamsamen bestreuen.

Karottensalat

Lange gehütetes Geheimrezept (O)

4 Portionen

600 g Karotten
2 EL Zitronensaft
1 EL Orangensaft
120 g Mayonnaise
**oder Almonaise, siehe Seite 154*
Meersalz
weisser Pfeffer aus der Mühle

Die Karotten schälen, längs in dünne Scheiben, anschliessend in feine Streifen schneiden. Oder mit der Mandoline (Hobel) in Juliennes (Streifen) hobeln.
Den Zitronensaft mit Orangensaft und Mayonnaise* verrühren. Mit Meersalz und Pfeffer abschmecken. Die Karotten mit der Sauce mischen, kurz zugedeckt ziehen lassen.

Tipp:

Karotten enthalten reichlich Betacarotin, eines der vier wichtigen Antioxidantien. Es fängt freie Radikale ab und schützt die Zellen vor Schädigung. Zudem werden Herz und Kreislauf gestärkt.

Taboulé

Nach Hiltl-Art (VG)

4 Portionen

400 g Couscousgriess
2 TL Kreuzkümmelpulver
1 TL Sambal Oelek
2 TL edelsüsser Paprika
Meersalz
Pfeffer aus der Mühle
4 dl Wasser
1 dl Olivenöl
4–5 EL Zitronensaft
½ Zwiebel, fein gehackt
wenig frische Minze, fein gehackt

Den Couscousgriess mit den Gewürzen mischen. 4 dl Wasser aufkochen, auf 40 Grad abkühlen. Das Wasser mit Olivenöl und Zitronensaft mischen, über den Couscousgriess verteilen, gut mischen und 10 Minuten bei Raumtemperatur stehen lassen. Die Zwiebeln und die Minze daruntermischen.

Tipp:

Als Vorspeise serviert, reicht die Menge für 6–8 Portionen. Taboulé wird original mit dem gröberen Burgul oder Bulgur – aus Hartweizen – zubereitet. Die Hartweizenkörner wurden kurz gekocht, abgetropft und an der Sonne getrocknet. Anschliessend, teilweise noch in Steinmühlen, zerkleinert. Burgul schmeckt nussig-getreidig und ist in 3–4 Mahlgraden, von fein bis grob, im Reformhaus, in türkischen oder griechischen Lebensmittelgeschäften erhältlich.

Fenchel-Apfel-Salat

Eine Kombination mit Power (L)

4 Portionen

1 Zitrone, Saft
2 mittelgrosse Äpfel
2 mittelgrosse Fenchel
1 EL Sonnenblumenöl
2 TL Madras-Curry, mild
1 TL Kurkuma (Gelbwurz)
1 Jogurt nature, 180 g
Meersalz
Rohzucker

Den Zitronensaft in eine Schüssel geben. Die Äpfel waschen und ungeschält mit der Röstiraffel direkt in die Schüssel reiben. Die Fenchelknollen in kleine Stäbchen schneiden und beifügen.
Curry und Kurkuma in Sonnenblumenöl ganz kurz andünsten. Achtung: Durch zu grosse Hitze und zu langes Dünsten wird Curry bitter! Sofort mit dem Jogurt zu den Äpfeln und dem Fenchel geben. Alles gut mischen. Mit Meersalz und Rohzucker abschmecken.

Tipp:

Werfen Sie das Grüne des Fenchels nicht weg, es ist essbar und macht sich gut als Garnitur auf dem Salat.

Orangensalat mit Datteln

Erfrischend und vitaminreich (V)

4 Portionen

4 Blondorangen
20 Datteln
2 dl Orangensaft
1 Schuss Orangenblütenwasser
1 Messerspitze Zimtpulver
wenig frische Minze

Die Orangen mit dem Messer bis aufs Fruchtfleisch schälen. Anschliessend in 5 mm dicke Scheiben schneiden. Die Datteln halbieren und entkernen. Je nach Grösse in Streifen schneiden.
Die Orangen anrichten und die Datteln darüberstreuen. Den Orangensaft mit Orangenblütenwasser und Zimt mischen. Über die Orangen giessen. Mit Minzeblättchen bestreuen.

Tipp:

Die getrockneten Datteln sind sehr süss und klebrig. In den Wintermonaten sind frische Datteln (tiefgekühlt) erhältlich. Sie schmecken weniger süss, das Fleisch hat mehr Biss und sie passen wunderbar zu den fruchtig-süssen Blondorangen.

Thai-Salat

Lauchsalat

Lauchsalat

So besänftigen wir den dominanten rohen Lauch (LO)

4 Portionen

2 EL Sultaninen
½ dl Apfelsaft
300 g Lauch
1 Jogurt nature, 180 g
2 EL Mayonnaise oder Almonaise, *siehe Seite 154*
Meersalz
Pfeffer aus der Mühle
5 Tropfen Tabasco

Die Sultaninen ca. 1 Stunde im Apfelsaft quellen lassen.
Den Lauch in feine Streifen schneiden. In einem Sieb waschen und gut abtropfen lassen.
Alle Zutaten mischen und pikant abschmecken. Vor dem Servieren 10 Minuten ziehen lassen.

Tipp:

Nehmen Sie den gebleichten Lauch. Er ist in den Wintermonaten erhältlich und weniger scharf.

Thai-Salat

Erfrischend exotisch und farbenfroh (VG)

4 Portionen

1 mittelgrosse Gurke
1 gelber Peperone (Paprikaschote)
1 roter Peperone (Paprikaschote)
2 Frühlingszwiebeln
300 g Austernpilze
2 EL Erdnussöl
1 EL Sesamöl
1 Knoblauchzehe
Meersalz

Sauce:
2 EL Zitronensaft
2 EL Sojasauce
Meersalz, Rohzucker
5 Pfefferminz-blättchen

Die Gurke nach Belieben schälen und in 5 mm dünne Scheiben schneiden. Peperoni in Streifen und die Frühlingszwiebeln in feine Ringe schneiden. Die Austernpilze putzen, wenn nötig waschen und in Stücke teilen. Erdnuss- und Sesamöl erhitzen und die Pilze darin anbraten. Den Knoblauch dazupressen und mit Meersalz würzen. Aus der Pfanne nehmen und beiseite stellen.
Alle Zutaten für die Sauce verrühren. Pfefferminzblättchen in feine Streifen schneiden und beifügen. Gurken, Peperoni, Frühlingszwiebeln und Pilze mit der Sauce mischen und ca. 10 Minuten ziehen lassen.

Tipp:

Sie können die Pilze auch schon am Vortag braten und über Nacht im Kühlschrank ziehen lassen.

Kürbissalat

Bringt Farbe in die winterliche Salatpalette (V)

4 Portionen

3 EL Sultaninen
2 Äpfel,
z.B. Jonathan, Elstar oder Maigold
400 g Kürbis (ohne Schale und Kerne)
2 dl Orangensaft
½ dl Zitronensaft
Meersalz

Die Sultaninen einige Stunden vor Gebrauch in Wasser oder Orangenlikör einweichen.
Die Äpfel waschen, das Kerngehäuse ausstechen. Kürbis und Äpfel mit der Röstiraffel reiben. Sofort mit Orangen- und Zitronensaft mischen. Mit Meersalz abschmecken.

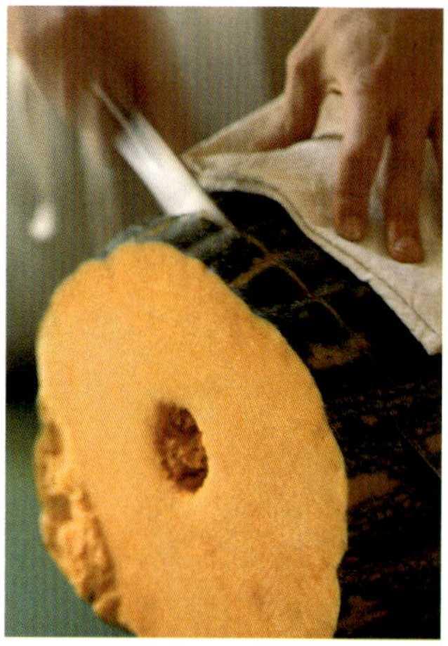

Tipp:

Kürbiskerne sind ein Leckerbissen, wenn Sie sie gründlich waschen, schälen und kurz in einer beschichteten Pfanne – ohne Fettzugabe – rösten. Garnieren Sie damit den Salat. Es funktioniert natürlich auch mit gekauften Kürbiskernen.

Süsskartoffelsalat

Etwas für den verwöhnten Gaumen (V)

4 Portionen

6 mittelgrosse Süsskartoffeln
2 EL Sojaöl
1 mittelgrosse Zwiebel, fein gehackt
1 Messerspitze Safran
1 TL Paprika, edelsüss
2 TL Korianderpulver
1 TL Kümmel
1 Messerspitze frische Ingwerwurzel
Meersalz
½ Zitrone, Saft und Schale
2 dl Wasser

Die Süsskartoffeln – je nach Grösse – ca. 25 Minuten kochen, bis sie knapp gar sind. Abgiessen und etwas auskühlen lassen. Dann schälen und in mundgerechte Stücke schneiden.
Die gehackten Zwiebeln in Sojaöl leicht anziehen lassen, alle Gewürze beifügen, gut mischen. Mit Zitronensaft und Wasser ablöschen, kurz einkochen und über die Kartoffeln geben. Vorsichtig mischen. Vor dem Servieren 30 Minuten ziehen lassen, lauwarm servieren.

Tipp:

Am besten schmecken die rotfleischigen Süsskartoffeln. Sie können diesen Salat auch bereits am Vortag zubereiten und im Kühlschrank aufbewahren. 1 Stunde vor dem Servieren herausnehmen.

Kichererbsensalat

Mit einem indischen Touch (LO)

4 Portionen

320 g Kichererbsen
1 kleine Zwiebel, gespickt mit 2 Lorbeerblättern und 2 Nelken
1 TL Salz
1 EL Erdnussöl
2 TL Kreuzkümmelsamen
1 TL Korianderpulver
1 TL Madras-Curry, mild
2 TL Kurkuma (Gelbwurz)
Meersalz
½ dl Wasser
1 mittelgrosse Karotte
1 kleine Zwiebel, fein gehackt
1 Jogurt nature, 180 g
1 EL Zitronensaft
1 EL Mayonnaise
**oder Almonaise, siehe Seite 154*
1 EL Senf

Am Vorabend: Die Kichererbsen verlesen (manchmal gibt es kleine Steinchen darin), gut waschen und über Nacht in der dreifachen Menge kaltem Wasser einweichen.
Am nächsten Tag zusammen mit der gespickten Zwiebel und Salz im Einweichwasser weich kochen. Dies dauert ca. 90 Minuten. Abgiessen und abtropfen lassen.
Das Erdnussöl erhitzen. Kreuzkümmelsamen darin dünsten, bis es aromatisch duftet. Achtung: nicht verbrennen! Die Pfanne von der Herdplatte ziehen und die restlichen Gewürze dazumischen. Sofort mit Wasser ablöschen, damit die Gewürze nicht bitter werden. Zu den gut abgetropften Kichererbsen geben und etwas auskühlen lassen.
Die Karotte schälen und raffeln. Zusammen mit den Zwiebeln, mit Jogurt, Zitronensaft, Mayonnaise* und Senf zu den Kichererbsen geben. Alles gut mischen. Ca. 30 Minuten ziehen lassen.

Tipp:

Kichererbsen sind sehr nahrhaft. Wenn Sie sie mögen, ist dieses Gericht absolut vollwertig und als Hauptmahlzeit geeignet. Für ein Gäste-Menü können Sie es auch als Vorspeise einplanen, denn es ist wirklich etwas Besonderes.

Nepal-Linsen-Salat

Etwas aufwändig, aber lohnend (L)

4 Portionen

150 g braune Linsen
150 g Urid Dal (kleine, weisse Linsen)
1 l Wasser

2 rote Peperoni (Paprikaschoten)
1 kleiner, grüner Chili
1 mittelgrosse Aubergine
½ Lauch
3 EL Erdnussöl
2 TL Kreuzkümmelsamen
1 Knoblauchzehe, durchgepresst
1 nussgrosses Stück Ingwerwurzel, fein gehackt
Meersalz
1 TL Korianderpulver
Pfeffer aus der Mühle
1 EL Zitronensaft
1 TL Rohzucker
4 dl Wasser
1 dl Pastmilch

Die Linsen ca. 20 Minuten weich kochen, abgiessen und mit kaltem Wasser überbrausen. Gut abtropfen lassen.
Die Peperoni in feine Streifen schneiden. Den Chili fein hacken. Die Aubergine in kleine Würfel, den Lauch in Streifen schneiden.
Das Erdnussöl erhitzen, die Kreuzkümmelsamen kurz anziehen lassen, Peperoni, Chili, Auberginenwürfel, Lauch, Knoblauch und Ingwer beifügen. Mit Meersalz, Koriander und Pfeffer würzen. Zitronensaft, Rohzucker und Wasser dazugeben. Ca. 10 Minuten leicht kochen, bis die Gemüse gar sind. Die gekochten Linsen daruntermischen. Milch beifügen, nicht mehr aufkochen. Noch lauwarm servieren.

Tipp:

Mit der Wassermenge können Sie die Konsistenz dieses Gerichtes variieren: Mit etwas mehr Wasser wird eine Suppe daraus, mit weniger Wasser eher eine Art Eintopf. Linsengerichte – sogenannte Dals – werden in Indien täglich mit Basmatireis gegessen und sind ernährungsphysiologisch vor allem für Vegetarier sehr wichtig, weil sie unter anderem hochwertiges Eiweiss enthalten, das wir sonst im Fleisch finden.

Gemüse

Pasta

Safran-Artischocken

Vom Feinsten (V)

4 Portionen

4 kleine Karotten
800 g Artischockenböden (evtl. Dose)
½ dl Olivenöl
1 kleine Zwiebel, fein gehackt
1 Knoblauchzehe, durchgepresst
Meersalz, Pfeffer aus der Mühle
1 Messerspitze Safranpulver
1 EL Apfelessig
2 dl Wasser
1 TL Maizena
einige Safranfäden

Die Karotten in feine Streifen schneiden. Die Artischockenböden halbieren.
Das Olivenöl erhitzen. Zwiebeln, Knoblauch und Karottenstreifen darin dünsten. Die Artischockenböden beifügen. Gewürze, Apfelessig und Wasser beifügen und aufkochen.
Mit Maizena leicht binden. Vor dem Servieren mit Safranfäden bestreuen.

Tipp:

Wir servieren das Gericht im Reisring mit einem Klacks Sauerrahm. Gastgewerbe-Zulieferer offerieren Artischockenböden tiefgekühlt. Für den Privathaushalt empfehlen wir, entweder frische Artischocken zu kochen und die Böden herauszulösen oder Artischockenböden in der Dose zu kaufen.

Ratatouille

Mit vielen Kräutern, frisch aus dem Garten (V)

4 Portionen

400 g Tomaten
1 Aubergine
Meersalz
2–3 Zucchini (350 g)
1 Peperone (Paprikaschote)
6 EL Olivenöl
1 mittelgrosse Zwiebel, in Streifen geschnitten
1 Knoblauchzehe, durchgepresst
2 EL Tomatenpüree
4 dl Wasser
Pfeffer aus der Mühle
je 1 kleiner Zweig Rosmarin, Oregano, Thymian, Basilikum und Majoran, fein geschnitten

Die Tomaten kurz in siedendes Wasser tauchen, herausnehmen, kalt abschrecken. Dann enthäuten, halbieren, entkernen und in kleine Stücke schneiden.
Die Aubergine in 1,5 cm grosse Würfel schneiden. Mit Meersalz mischen, in ein Sieb geben und 20 Minuten ziehen lassen. Mit Haushaltpapier trockentupfen. Die Zucchini und den Peperone in 1,5 cm grosse Stücke schneiden.
3 Esslöffel Olivenöl erhitzen. Das Gemüse darin unter Wenden anbraten, herausnehmen, beiseite stellen.
Das restliche Olivenöl erhitzen. Die Zwiebeln und den Knoblauch darin glasig dämpfen. Das Tomatenpüree beifügen, mitdämpfen. Tomaten und Wasser dazugeben, mit Meersalz und Pfeffer abschmecken. Bei kleiner Hitze 40 Minuten köcheln lassen.
Das Gemüse und die Kräuter beifügen, kurz aufkochen. Dazu passt Gorgonzola-Polenta, siehe Seite 85.

Tipp:

Gleich die doppelte Portion Ratatouille zubereiten: Es schmeckt auch ausgezeichnet als kalte Vorspeise zu Crostini oder püriert als kalte oder warme Suppe.

Gurken-Tomaten-Ragout

Für Liebhaber des Nichtalltäglichen (L)

4 Portionen

2 mittlere Gurken
2 rote Peperoni (Paprikaschoten)
6 Tomaten
40 g Butter
2 kleine Zwiebeln, fein gehackt
2 Knoblauchzehen, durchgepresst
Meersalz, weisser Pfeffer
1 TL Paprika, edelsüss
2 TL Rohzucker
2 dl Weisswein
2 Becher Sauerrahm
1 Bund Dill

Die Gurken schälen, die Peperoni entkernen, und beides in Würfel schneiden. Die Tomaten mitsamt den Kernen ebenfalls würfeln.
Die Butter erhitzen, Zwiebeln und Knoblauch darin dünsten. Gurken und Peperoni beifügen und mitdünsten. Würzen und mit Weisswein ablöschen. Nur kurz köcheln lassen – die Gurken sollten noch etwas Biss haben.
Die Tomaten beifügen und aufkochen. Die Flüssigkeit einreduzieren. Zum Schluss den Sauerrahm unterziehen – nicht mehr kochen, sonst gerinnt die Sauce. Vom Dill kleine Ästchen abzupfen und über das Gemüse streuen.

Tipp:

Dieses Gemüse ist ein Hit zu in Weisswein pochiertem Fisch, aber auch solo mit Reis absolut überzeugend.

Gemüsetopf

Der Topf mit den unendlichen Variationen (L)

4 Portionen

1 mittelgrosse Zwiebel
3 kleine Karotten
1 Stangensellerie
1 mittlerer Kohlrabi
1/2 kleiner Wirz (Wirsing)
2 Peperoni (Paprikaschoten) (rot, gelb)
2 mittelgrosse Zucchini
40 g Butter
2 Knoblauchzehen, durchgepresst
2 dl Wasser
1 dl Weisswein
Meersalz
weisser Pfeffer
150 g Kefen (Zuckererbse)
1 Bund Petersilie, fein gehackt
1 Bund Schnittlauch, fein geschnitten

Zwiebeln schälen und achteln. Die Karotten schräg in 1 cm dicke Scheiben, den Stangensellerie in 2 cm lange Stücke schneiden. Kohlrabi in Stängelchen, Wirz und Peperoni in 2 cm breite Streifen und die Zucchini in Scheiben schneiden.
Die Butter erhitzen, Zwiebeln und Knoblauch darin andünsten. Karotten und Stangensellerie beifügen und mitdünsten. Nach ca. 5 Minuten Kohlrabi, Wirz und Peperoni dazugeben. Mit Wasser und Weisswein auffüllen, würzen und leicht kochen lassen.
Sobald das Gemüse knapp weich ist, Zucchini und Kefen beifügen. Nur noch kurz zugedeckt ziehen lassen. Vor dem Servieren mit Petersilie und Schnittlauch bestreuen.

Tipp:

Stellen Sie Ihre eigene Lieblingskomposition von Gemüsen zusammen – je nach Jahreszeit! Denken Sie beim Zubereiten daran, dass die Gemüse verschieden lange brauchen, bis sie gar sind. Je geringer der Wassergehalt des Gemüses, desto länger die Garzeit.

Der Profi-Trick:
Gemüse mit langer Kochzeit wird kleiner geschnitten als Gemüse mit kurzer Kochzeit. Als Beilage passen Bratkartoffeln mit frischem Rosmarin.

Provenzalische Kartoffeln

Mediterraner Eintopf (L)

500 g Kartoffeln, z.B. Charlotte
Meersalz
400 g Tomaten
1 grosser, gelber Peperone (Paprikaschote)
2 EL Olivenöl
2 Knoblauchzehen, fein geschnitten
2 EL Tomatenpüree
je 1 kleiner Zweig Thymian, Majoran, Rosmarin, Blättchen abgezupft
1 TL edelsüsser Paprika
1 TL Rohzucker
Pfeffer aus der Mühle
1 dl Rotwein
5 dl Wasser
2 EL Olivenöl
2 EL Crème fraîche
wenig glattblättrige Petersilie, fein geschnitten

Die Kartoffeln schälen, in 6 mm dicke Scheiben schneiden. In leicht gesalzenem Wasser sehr knapp weich kochen. Das Wasser abgiessen, die Kartoffeln gut abtropfen lassen. Beiseite stellen.
Die Tomaten kurz in siedendes Wasser tauchen, herausnehmen, kalt abschrecken. Dann enthäuten, halbieren, entkernen und in kleine Stücke schneiden.
Den Peperone halbieren, entkernen und in 2 cm grosse Würfel schneiden.
Das Olivenöl erhitzen. Den Knoblauch darin leicht braun dämpfen. Das Tomatenpüree beifügen, mitdämpfen. Tomaten, Kräuter und Gewürze dazugeben, kurz mitdämpfen. Mit Rotwein ablöschen, einkochen lassen.
Das Wasser dazugiessen, bei kleiner Hitze 15 Minuten köcheln lassen. Anschliessend die Sauce pürieren.
Das Olivenöl erhitzen. Die Kartoffeln darin unter Wenden anbraten. Die Peperoni dazugeben, mitbraten, dann in die Sauce geben.
Vor dem Servieren Crème fraîche beifügen, mit Petersilie bestreuen.

Tipp:

Rosmarin blüht, je nach Witterung, im späten Frühling. Die Blüten können ebenfalls verwendet werden. Am Schluss das Gericht mit den abgzupften Blüten bestreuen.

Spargel an Mascarpone Sauce

Frühlingshaft und leicht (L)

4 Portionen

1 kg grüner Spargel
Zitronensaft
Meersalz
1 EL Rohzucker
1 Tomate
50 g Butter
1 kleine Zwiebel, fein gehackt
1 dl trockener Weisswein
2 dl Wasser
1 EL Zitronensaft
¼ TL Muskatnusspulver
Meersalz
Pfeffer aus der Mühle
2 dl Milch
1½ dl Vollrahm
150 g Mascarpone

Den Spargel frisch anschneiden, wenn nötig im unteren Drittel schälen. Wasser aufkochen. Mit Zitronensaft, Meersalz und Rohzucker würzen. Den Spargel darin knapp weich garen. Herausnehmen, kalt abschrecken, gut abtropfen lassen. Anschliessend den Spargel in 5 cm lange Stücke schneiden, beiseite stellen.
Die Tomate kurz in siedendes Wasser tauchen, herausnehmen, kalt abschrecken. Dann enthäuten, halbieren, entkernen und in kleine Stücke schneiden.
Die Butter erhitzen. Die Zwiebeln darin glasig dämpfen. Mit Weisswein ablöschen, einkochen lassen. Mit Wasser aufgiessen, mit Zitronensaft, Muskatnuss, Meersalz und Pfeffer abschmecken. Anschliessend die Sauce pürieren.
Milch, Rahm und Mascarpone beifügen, unter Rühren sämig einkochen lassen. Den Spargel und die Tomaten dazugeben, kurz heiss werden lassen. Dazu passt Reis.

Tipp:

Das Spargelfrikassee schmeckt auch gut gratiniert: Das Gericht wie angegeben zubereiten, in eine ofenfeste, gefettete Form geben. Mit geriebenem Gruyère bestreuen und im oberen Teil des auf Grillstufe vorgeheizten Backofens kurz überbacken.

Peperoni-Apfel-Gulasch

Die garantierte Überraschung (L)

4 Portionen

1 kleine Zwiebel
3 Peperoni (Paprikaschoten) (grün, gelb, rot)
3 Äpfel
20 g Butter
1 Knoblauchzehe, durchgepresst
1 TL Rohzucker
2 TL Paprika, edelsüss
1 Messerspitze Chilipulver
Meersalz
Pfeffer aus der Mühle
½ dl Apfelessig
1 dl Weisswein
ca. 2 dl Vollrahm
1 Bund Schnittlauch, fein geschnitten

Die Zwiebel schälen und achteln. Peperoni in feine Streifen schneiden. Die Äpfel schälen, in Schnitze teilen und das Kerngehäuse entfernen.
Die Butter erhitzen, Zwiebeln und Knoblauch darin andünsten. Peperoni beifügen und mitdünsten. Nach ca. 5 Minuten Rohzucker, Paprika und Apfelschnitze beifügen. Würzen und mit Apfelessig und Weisswein ablöschen. Aufkochen, etwas einreduzieren und mit Rahm zur gewünschten Konsistenz einkochen. Mit Schnittlauch bestreut servieren.
Dazu passen Teigwaren oder Kartoffelstock.

Caponata

Sizilianisches Ratatouille (V)

4 Portionen

2 mittelgrosse Zwiebeln
2 Peperoni (Paprikaschoten) (rot und gelb)
2 kleinere Zucchini
1 Aubergine
1 kleiner Stangensellerie
2 Tomaten
½ dl Olivenöl
2 Knoblauchzehen, durchgepresst
1 EL Tomatenpüree
1 EL Apfelessig
1 dl Rotwein
3 dl Wasser
2 EL Rohzucker
Meersalz, Pfeffer aus der Mühle
5 Tropfen Tabasco
18 schwarze Oliven, ohne Stein
4 EL Kapern
etwas frischer Oregano

Die Zwiebeln schälen und achteln. Peperoni in Streifen, Zucchini in 1,5 cm dicke Scheiben und die Aubergine in kleine Würfel schneiden. Die Selleriestangen in 1 cm lange Stücke schneiden, und die Tomaten achteln.
Das Olivenöl erhitzen. Zwiebeln und Knoblauch darin anziehen lassen. Den Stangensellerie beifügen und ca. 3 Minuten mitdünsten. Tomatenpüree beifügen, kurz mitdünsten. Dann alle Gemüse dazugeben. Mit Apfelessig und Rotwein ablöschen, etwas einkochen. Mit Wasser auffüllen. Würzen mit Rohzucker und den Gewürzen. Ca. 5 Minuten kochen, gelegentlich umrühren.
Zum Schluss Oliven und Kapern beigeben und mit gehacktem Oregano bestreuen.

Tipp:

Mit Vollkorn-Penne oder Basilikum-Nudeln servieren.

Weisse Peperoni

Nicht alltägliche Delikatesse (V)

500 g Cecei
(längliche, hellgrüne Peperoni/Paprikaschoten)
1 kleiner, roter Peperone (Paprikaschote)
1 mittelgrosse Aubergine
½ TL Meersalz
450 g Tomaten
3 EL Olivenöl
2–3 Zwiebeln, fein gehackt
3 Knoblauchzehen, fein geschnitten
2 EL Tomatenpüree
2 EL Aceto Balsamico
1 EL Rohzucker
Meersalz
Pfeffer aus der Mühle
6 dl Wasser
3 EL Olivenöl
50 g schwarze Oliven, entsteint
je 1 kleiner Zweig Rosmarin, Basilikum, Oregano und Thymian, fein geschnitten

Die Cecei in 3 cm breite Ringe schneiden. Peperone halbieren, entkernen und in kleine Würfel schneiden. Die Aubergine in 1,5 cm grosse Würfel schneiden. Mit Meersalz mischen, in ein Sieb geben und 20 Minuten ziehen lassen. Mit Haushaltpapier trockentupfen.
Die Tomaten kurz in siedendes Wasser tauchen, herausnehmen, kalt abschrecken. Dann enthäuten, halbieren, entkernen und in kleine Stücke schneiden.
Das Olivenöl erhitzen. Die Zwiebeln mit Knoblauch und den roten Peperoni darin leicht anbraten. Tomaten, Tomatenpüree, Aceto Balsamico, Rohzucker, Meersalz und Pfeffer beifügen. Das Wasser dazugiessen, bei kleiner Hitze 15 Minuten köcheln lassen. Dann die Sauce pürieren.
Das Olivenöl erhitzen. Die Cecei und die Auberginen unter Wenden leicht anbraten. Mit den Oliven in die Sauce geben, weitere 5 Minuten köcheln lassen. Mit Kräutern bestreuen. Dazu passen Spinatnudeln.

Zucchini an Safransauce

Edel und delikat (L)

4 Portionen

650 g Zucchini
1-2 Karotten
2 EL Olivenöl
1 mittelgrosse Zwiebel, in Scheiben geschnitten
1 Knoblauchzehe, fein gehackt
2 Messerspitzen Safranpulver
wenig Rohzucker
Meersalz
Pfeffer aus der Mühle
2 dl trockener Weisswein
3 dl Vollmilch
3 dl Vollrahm

Die Zucchini in 2 cm grosse Würfel schneiden. Die Karotten schälen, in feine Streifen (Juliennes) schneiden.
Das Olivenöl erhitzen. Die Zwiebeln und den Knoblauch darin andämpfen. Safranpulver, Rohzucker, Meersalz und Pfeffer beifügen. Mit Weisswein ablöschen, einkochen lassen.
Die Milch und den Rahm dazugiessen, bei kleiner Hitze sämig köcheln lassen. Die Zucchini und die Karotten dazugeben und knapp weich kochen.
Dazu passt Reis, mit Safranfäden zubereitet.

Tipp:

Wenn die Sauce zu dünnflüssig ist, kann sie entweder etwas länger eingekocht oder mit etwas angerührtem Maizena (Speisestärke) gebunden werden.

Auberginenfrikassee

Schmeckt mit sonnengereiften Tomaten am besten (L)

4 Portionen

500 g Auberginen
1 TL Meersalz
1 dl Olivenöl
400 g reife Tomaten
20 g Butter
1 mittelgrosse Zwiebel, fein gehackt
je 1 kleiner Zweig Majoran, Thymian, Oregano, fein geschnitten
3 EL Tomatenpüree
1 dl trockener Weisswein
1 dl Vollrahm
1½ dl Wasser
Meersalz
½ TL Rohzucker
Pfeffer aus der Mühle

Die Auberginen in 1, 5 cm grosse Würfel schneiden. Mit Meersalz mischen, in ein Sieb geben und 20 Minuten ziehen lassen. Mit Haushaltpapier trockentupfen.
Das Olivenöl erhitzen. Auberginen darin unter Wenden leicht anbraten. Herausnehmen und beiseite stellen.
Die Tomaten kurz in siedendes Wasser tauchen, herausnehmen, kalt abschrecken. Dann enthäuten, halbieren, entkernen und in kleine Stücke schneiden.
Die Butter erhitzen. Die Zwiebeln darin andämpfen. Die Kräuter beifügen, kurz mitdämpfen. Das Tomatenpüree dazugeben, leicht anbraten. Die Tomaten beifügen, unter Wenden andämpfen. Mit Weisswein ablöschen, einkochen lassen.
Rahm und Wasser dazugiessen, mit Rohzucker, Meersalz und Pfeffer abschmecken. Bei kleiner Hitze 20 Minuten köcheln lassen.
Am Schluss die Auberginen dazugeben, weitere 3 Minuten köcheln lassen.

Tipp:

Die Auberginen können mehrere Stunden im Voraus mit Salz bestreut werden. Die Haut sonnengereifter Tomaten lässt sich ohne Erhitzen abziehen. Wenn es schnell gehen muss, sind Pelati aus der Dose ein guter Ersatz.

Kürbis sweet & sour

Abendlandgemüse trifft Morgenlandgewürze (LG)

4 Portionen

500 g Kürbis (ohne Schale und Kerne)
1 roter Peperone (Paprikaschote)
1 Karotte
1 mittelgrosser Lauch
¼ frische Ananas
20 g Butter
1 mittelgrosse Zwiebel, fein gehackt
1 TL Maizena (Speisestärke)

Sauce:
2 EL Sesamöl
4 EL Sojasauce
4 EL Rohzucker
½ dl Apfelessig
1 EL Tomatenpüree
Meersalz
4 dl Wasser

Den Kürbis in 1 cm grosse Würfel schneiden. Peperone und Karotte in feine Streifen, den Lauch in feine Ringe schneiden. Die Ananas klein würfeln. Alle Zutaten für die Sauce in einem Schälchen mischen und beiseite stellen.
Die Butter erhitzen und die Zwiebeln darin andünsten. Den Kürbis sowie das klein geschnittene Gemüse beifügen und kurz mitdünsten. Die Sauce dazugeben und alles zugedeckt weich garen.
Die Ananaswürfel beifügen, aufkochen und mit Maizena leicht binden.

Tipp:

Es gibt verschiedene Sesamöle – nicht alle sind gleich intensiv im Aroma. Je intensiver, desto vorsichtiger muss dosiert werden – zu viel Sesamöl wirkt penetrant.

Masaman Thai-Curry

Esse ich besonders gerne (Rolf Hiltl) (VG)

4 Portionen

400 g Kartoffeln
1 mittelgrosse Aubergine
1 roter Peperone (Paprikaschote)
1 grüner Peperone (Paprikaschote)
1 Zwiebel
1 dl Erdnussöl
1–2 EL rote Masaman-Currypaste
6 dl Wasser
1 EL Sojawürze
1 EL Zitronensaft
2 EL Rohzucker
6 dl Kokosmilch (Dose)
1 TL Maizena (Speisestärke)
1 Apfel
1 Handvoll Erdnüsse, ungesalzen

Die Kartoffeln schälen und in 2 cm grosse Würfel schneiden. Aubergine und Peperoni in 2 cm grosse Würfel schneiden. Die Zwiebel schälen und achteln. Das Erdnussöl erhitzen und die Currypaste darin anziehen lassen. Die Kartoffeln beifügen und mitdünsten. Mit Wasser bedecken, würzen und knapp weich kochen. Auberginen, Peperoni, Zwiebeln und Kokosmilch dazugeben. Ca. 5 Minuten leicht kochen lassen. Mit Maizena binden.
Den Apfel ungeschält und in Schnitzen direkt dem Gericht beigeben. Zugedeckt noch 5 Minuten ziehen lassen, dann die Erdnüsse daruntermischen. Mit Basmatireis servieren.

Tipp:

Currypaste ist in Thai-Läden oder in Geschäften mit indischen Lebensmitteln erhältlich. Sie enthält aber oft Crevetten, also bei der Zusammensetzung darauf achten. Aus diesem Grund sind alle Currypasten im Hiltl hausgemacht.

Chicorée-Piccata

Das typische Schnitzel Milanese für Gemüse-Fans (LOG)

4 Portionen

4 Chicorée
4 dl Milchwasser
(halb Milch, halb Wasser)
1 Lorbeerblatt
2 Nelken
Pfeffer
Meersalz

3 Eier
200 g Parmesan, gerieben
Paprika nach Belieben
30 g Butter
3 EL Mehl
4 Zitronenschnitze

Am Vorabend: Chicorée längs halbieren und den Strunk entfernen. Über Nacht in Milchwasser mit Lorbeer, Nelken, Pfeffer und Salz einlegen.
Am nächsten Tag alles in eine Pfanne geben und den Chicorée weich garen. In einem Sieb abtropfen lassen. Dann den Chicorée auf ein Brett legen und flach drücken.
Eier, Käse und Gewürz verrühren.
Die Butter erhitzen. Die Chicorée-Hälften im Mehl wenden, anschliessend durch die Eimasse ziehen und auf beiden Seiten goldgelb braten. Mit einem Zitronenschnitz servieren.

Tipp:

Mit Tomatenspaghetti schmeckt die Chicorée-Piccata besonders gut. Nach dem gleichen Rezept können Sie auch Sellerie-, Auberginen- oder Zucchetti-Piccata zubereiten. Bei Auberginen und Zucchetti entfällt das Einlegen über Nacht und das vorherige Weichgaren. Auberginenscheiben auf ein Gitter legen und salzen. Nach 30 Minuten abtrocknen.

Kastaniengemüse

Heisse Marroni – typisch Herbst (L)

4 Portionen

5 Schwarzwurzeln
6 dl Milchwasser (halb Milch, halb Wasser)
2 EL Zitronensaft
Meersalz
1 Lorbeerblatt
2 Nelken
2 mittelgrosse Karotten
20 g Butter
1 kleine Zwiebel, fein gehackt
400 g Marroni, tiefgekühlt (Maronen/Esskastanien)
Meersalz
½ TL Kurkuma (Gelbwurz)
1 Prise Muskat
4 dl Wasser
1 Bund Majoran

Die Schwarzwurzeln unter fliessendem Wasser schälen und in Milchwasser mit Zitronensaft, Meersalz, Lorbeer und Nelken knapp weich kochen. Abgiessen und in 2 cm lange Stücke schneiden. Die Karotten schälen und in Stäbchen schneiden.
Die Butter erhitzen und die Zwiebeln darin glasig dünsten. Karotten und Marroni (gefroren) beifügen, würzen und mit Wasser bedeckt kochen, bis die Marroni weich sind. Das dauert ca. 8 Minuten. Nach 4 Minuten die Schwarzwurzelstücke dazugeben und noch etwas ziehen lassen. Vor dem Servieren mit gehacktem Majoran bestreuen.

Frische Kastanien mit dem Messer in der Rundung einritzen. Im siedenden Wasser kurz kochen. Noch heiss schälen, möglichst das feine, braune Häutchen ebenfalls entfernen. Sonst nochmals ins kochende Wasser geben.

Tipp:

Schmeckt wunderbar mit Spinatnudeln.

Spaghetti mit Bärlauchpesto

Hilft dem Organismus auf die Sprünge (LG)

4–6 Portionen

60 g Bärlauchblätter, frisch
60 g glattblättrige Petersilie
wenig frisches Bohnenkraut
50 g Cashewkerne (Kernels)
Meersalz
1 TL Rohzucker
50 g frischer Schafkäse
80 g Parmesan
2 dl Olivenöl
500 g Spaghetti, z.B. Vollkorn
Meersalz
Olivenöl
frischer Parmesan, gerieben

Die Kräuter verlesen, Blättchen abzupfen. Die Cashewkerne grob hacken.
Die Kräuter sowie Meersalz bis und mit Olivenöl im Mixer zerkleinern. Die Cashewkerne beifügen, weitermixen, bis das Pesto schön cremig wird.
Die Spaghetti in reichlich siedendem Salzwasser al dente garen. Bis auf einige Esslöffel Kochwasser abgiessen. Mit wenig Olivenöl auf die ausgeschaltete Herdplatte zurückgeben. 4–6 Esslöffel Bärlauchpesto beifügen, unter Mischen kurz erhitzen. Mit Parmesan servieren.

Tipp:

Bärlauch wird bundweise auf dem Markt angeboten: Auf feine, kleine Blätter achten, weil sie feiner im Geschmack sind. Beim Selbersuchen im Wald Gefahr der Verwechslung mit den Blättern der hochgiftigen Herbstzeitlose und des Maiglöckchens.
Das Pesto kann in einem gut verschliessbaren Glas 1 Woche im Kühlschrank aufbewahrt werden. Ist das Pesto zu dickflüssig, fügt man einige Esslöffel heisses Pastawasser bei.

Getreide

Pilze

Mais-Lauch-Plätzchen

Zwei, die sich mögen (LOG)

4 Portionen

350 g Maiskörner, frisch gekocht oder aus der Dose
1 mittlerer Lauch
5 Eier
3 EL Weissmehl
Meersalz
Pfeffer aus der Mühle
30 g Butter
1 Prise Muskat

Die Maiskörner gut abtropfen lassen. Den Lauch in feine Streifen schneiden. Eier, Mehl und die Gewürze in einer Schüssel verquirlen.
Den Lauch in etwas Butter weich dünsten. Die Pfanne von der Herdplatte nehmen. Die Maiskörner beifügen und beides in die Schüssel mit der Eimasse geben. Gut mischen.
Eine Bratpfanne gut erhitzen, etwas Butter hineingeben und die Masse mit einem Suppenlöffel in die Pfanne geben (gibt ca. 12 kleine Plätzchen). Auf beiden Seiten goldgelb ausbraten.
Im Sommer mit Salat, im Winter mit Nudeln und Pilzsauce servieren.

Tipp:

Ein Schuss Bier macht den Teig luftiger. Die Masse können Sie problemlos im Voraus zubereiten. Die Plätzchen sollten aber frisch gebraten werden. Perfekt rund – oder auch herzförmig – werden Ihre Plätzchen, wenn Sie Guetsli-Ausstechformen in die Pfanne legen und die Masse hineinfüllen.

Gerstenrisotto

Ein altes Getreide neu entdeckt (LG)

4 Portionen

20 g Butter
1 kleine Zwiebel, fein gehackt
160 g Rollgerste
1 dl Weisswein
1 Lorbeerblatt
2 Nelken
1 TL Meersalz
Pfeffer aus der Mühle
4 dl Wasser
2 EL Olivenöl
3 EL Parmesan, gerieben

Die Butter erhitzen und die Zwiebeln darin glasig dünsten. Die Gerste einstreuen und mit Weisswein ablöschen. Die Gewürze und das Wasser beifügen. Aufkochen und auf kleinster Stufe zugedeckt 1 Stunde ziehen lassen.
Mit Olivenöl und Parmesan abschmecken, wie Risotto in Suppentellern servieren.
Die Menge ist für 4 Personen als Beilage gedacht und reicht für 2 Personen als Hauptgericht.

Tipp:

Mit Piccata oder Pilzragout an Marsalasauce servieren.

Gorgonzola-Polenta

Mais mit Pfiff! (L)

4 Portionen

1,2 l Wasser
2 Lorbeerblätter
1 Nelke
140 g (2 dl) Maisgriess, mittelfein
140 g (2 dl) Maisgriess, grob
Meersalz
Pfeffer
60 g Butter
100 g Gorgonzola

Kaltes Wasser mit Lorbeer, Nelke und Maisgriess aufkochen. Meersalz und Pfeffer beifügen und auf kleinster Stufe ca. 1 Stunde zugedeckt ausquellen lassen. Butterflocken und Käse darunterziehen, nochmals 10 Minuten ziehen lassen. Abschmecken und servieren.

Polenta-Reste können Sie 1 cm dick in ein Blech ausstreichen, am nächsten Tag auf ein Brett stürzen, Rhomben ausschneiden und diese in Butter oder Olivenöl goldgelb braten.

Wenn Sie die Rhomben ziegelartig in eine Gratinform schichten und mit viel Parmesan und Butterflocken gratinieren, ergibt dies mit Salat ebenfalls eine feine Mahlzeit. Solch ein Gratin passt übrigens auch ausgezeichnet zu einem Kalbsvoressen mit Karotten!

Tipp:

Statt Gorgonzola können Sie zur Abwechslung auch Feta verwenden. Faustregel fürs Polentakochen: Es braucht dreimal so viel Wasser wie Mais.

Steinpilzragout

Mit einem schönen «Barolo» zu geniessen (L)

4 Portionen

400 g Steinpilze, frisch
4 Tomaten
½ dl Olivenöl
30 g Kochbutter
1 Zwiebel, fein gehackt
2 Knoblauchzehen, fein geschnitten
2 dl Weisswein
1 Schuss Cognac
2 dl Wasser
Meersalz, Pfeffer aus der Mühle
frische Kräuter je nach Saison, z.B. Thymian, Basilikum, Oregano, Petersilie
evtl. 1 Prise Rohzucker

Die Pilze putzen und in Scheiben schneiden. Die Tomaten 20 Sekunden in kochendes Wasser geben. Herausnehmen und sofort kalt abschrecken, häuten, entkernen und in kleine Stücke schneiden.
Das Olivenöl erhitzen und die Pilze darin kräftig, aber kurz anbraten. In ein Sieb geben, dabei anfallenden Saft auffangen.
In derselben Pfanne die Kochbutter erhitzen. Zwiebeln und Knoblauch darin glasig dünsten. Mit Weisswein und Cognac ablöschen, einreduzieren und mit Wasser auffüllen. Tomatenwürfel und Pilzsaft beigeben, würzen. Während ca. 10 Minuten kochen, bis die Sauce dicker wird.
Die Pilze beifügen und abschmecken. Die frischen Kräuter einstreuen.
Je nach Säuregehalt der Tomaten mit einer Prise Rohzucker abschmecken.
Als Beilage passen breite Nudeln.

Pilzragout an Marsalasauce

Where's the beef? (LG)

4 Portionen

200 g gemischte Waldpilze, z.B. Semmelstoppel, Röhrlinge, Steinpilze und Eierschwämme (frisch vom Markt oder selbst gesucht)
100 g Austernpilze
100 g braune Champignons
1 EL Butter
1 kleine Zwiebel, fein gehackt
1 Knoblauchzehe, durchgepresst
1 TL Tomatenpüree
1–2 TL Mehl
1 dl Rotwein
1 dl Marsala
2 dl Wasser
Meersalz, Pfeffer

Die Pilze mit einem Pinsel oder einem Tuch säubern. Möglichst nicht waschen, da sie sich rasch mit Wasser vollsaugen und ihr Aroma verlieren. Faule oder angefressene Stellen wegschneiden. Grössere Pilze halbieren oder vierteln, kleinere ganz lassen. Die Butter erhitzen, Zwiebeln und Knoblauch darin glasig dünsten. Das Tomatenpüree dazugeben und mitdünsten. Die Hitze erhöhen und nach und nach alle Pilze sowie das Mehl beifügen. Gut umrühren, damit nichts anbrennt; das Ganze soll aber trotzdem eine schöne braune Farbe bekommen. Mit Rotwein und Marsala ablöschen, kurz einreduzieren und mit Wasser auffüllen. Ca. 10 Minuten leicht kochen lassen. Mit Meersalz und Pfeffer abschmecken. Falls die Sauce zu dick ist, mit etwas Wasser verdünnen.

Tipp:

Dazu passen Kartoffelstock, Gerstenrisotto oder Nudeln.

Pilz-Stroganoff

Der Renner für Hiltl-Einsteiger (L)

4 Portionen

250 g braune Champignons
150 g Shitake-Pilze
200 g Austernpilze
2 kleinere, rote Peperoni (Paprikaschoten)
2 Essiggurken
½ dl Erdnussöl
1 kleine Zwiebel, fein gehackt
Meersalz
2 TL Paprika, edelsüss
2 Messerspitzen Chilipulver
1½ dl feiner Rotwein
1 dl Wasser
2 dl Vollrahm
Sauerrahm nach Belieben

Die Pilze putzen und vierteln. Bei den Shitake-Pilzen die zähen Stiele entfernen. Peperoni und Essiggurken in Streifen schneiden.
Das Erdnussöl erhitzen und die Pilze darin kräftig anbraten. Peperoni, Essiggurken und Zwiebeln beifügen und mitdünsten, würzen und mit Rotwein ablöschen. Die Flüssigkeit etwas einkochen lassen.
Wasser und Rahm dazugeben und zur gewünschten Konsistenz einkochen. Dazu passen Reis oder feine Nüdeli und ein Klacks Sauerrahm.

Tipp:

Mit knusprig gebratener Rösti servieren.

Tofu & Co.

Casimir

Klassiker neu erfunden (LOG)

4 Portionen

½ frische Ananas
1–2 Pfirsiche
5 Litschis
50 g Bratbutter
250 g Geschnetzeltes (Quorn, Seitan oder Tofu)
½ Zwiebel, fein gehackt
1½ TL Madras-Curry, mild
1½ TL Kurkuma (Gelbwurz)
½ TL Rohzucker
½ TL Korianderpulver
1 EL Kokosraspel
1 dl trockener Weisswein
3 dl Wasser
2 dl Vollrahm
Meersalz
1 Messerspitze weisser Pfeffer

Die Schale der Ananas grosszügig wegschneiden. Anschliessend Ananas in Scheiben, dann in kleine Würfel schneiden. Die Pfirsiche kurz in siedendes Wasser tauchen, kalt abschrecken und enthäuten. Anschliessend halbieren, entkernen und in Schnitze schneiden. Die Litschis schälen, halbieren und entkernen.
Die Bratbutter erhitzen. Das Geschnetzelte darin unter Wenden leicht braun anbraten. Die Zwiebeln dazugeben, mitbraten.
Die Gewürze und die Kokosraspel beifügen, kurz mitbraten. Mit Wein ablöschen, einkochen lassen. Rahm und Wasser dazugiessen und die Früchte beifügen. Das Casimir 7 Minuten bei kleiner Hitze köcheln lassen. Mit Meersalz und Pfeffer abschmecken.

Tipp:

Das hölzerne Mark der Ananas mit einem kleinen Ausstecher entfernen. Dann erst in Würfel schneiden.

Tofu Napolitaine

Mit frischer Pasta (V)

4 Portionen

400 g Tofu
3 EL Olivenöl
je ein kleiner Zweig Rosmarin, Majoran, Oregano, Thymian, fein geschnitten
1 Knoblauchzehe, durchgepresst
400 g Zucchini
400 g Tomaten
3 EL Olivenöl
½ Zwiebel, fein gehackt
1 Knoblauchzehe, fein geschnitten
40 g Tomatenpüree
2 dl trockener Weisswein
5 dl Wasser
½ TL Rohzucker
Meersalz
Pfeffer aus der Mühle
3 EL Olivenöl

Am Vorabend: Den Tofu in 1 cm grosse Würfel schneiden. Mit Olivenöl, den Kräutern und dem Knoblauch mischen. Zugedeckt im Kühlschrank ziehen lassen.

Am nächsten Tag die Zucchini in 2 cm grosse Würfel schneiden. Die Tomaten kurz in siedendes Wasser tauchen, herausnehmen, kalt abschrecken. Dann enthäuten, halbieren, entkernen und in kleine Stücke schneiden.

Das Olivenöl erhitzen. Die Zwiebeln und den Knoblauch darin andämpfen. Das Tomatenpüree beifügen, mitdämpfen. Die Tomaten dazugeben, mit Weisswein ablöschen und einkochen lassen. Wasser dazugiessen, mit Rohzucker, Meersalz und Pfeffer abschmecken. Bei kleiner Hitze 20 Minuten köcheln lassen.

In der Zwischenzeit das Olivenöl erhitzen. Die Zucchini und die Tofuwürfel separat unter Wenden leicht anbraten. In die Sauce geben, weitere 5 Minuten köcheln lassen.

Züri-Geschnetzeltes

Für Zürcher und andere Feinschmecker (LOG)

4 Portionen

400 g Champignons
2 EL Erdnussöl
600 g Geschnetzeltes
(Tofu, Quorn oder Seitan)
40 g Butter
1 Zwiebel, fein gehackt
1 Schuss Cognac
2 dl Weisswein
2 dl Milch
1 dl Vollrahm
Meersalz
1 EL Zitronensaft
Pfeffer aus der Mühle

Die Champignons putzen und blättrig schneiden. Das Erdnussöl erhitzen und das Geschnetzelte darin kräftig anbraten und beiseite stellen.
In derselben Pfanne die Butter erhitzen und die gehackten Zwiebeln anbraten. Die Zwiebeln sollen Farbe annehmen, aber nicht verbrennen. Die Pilze beifügen, weiterrösten. Mit Weisswein und Cognac ablöschen, unter Rühren einkochen lassen. Milch und Rahm dazugeben, zur gewünschten Konsistenz einkochen. Zum Schluss das Geschnetzelte dazugeben, mit Meersalz, Zitronensaft und Pfeffer abschmecken.
Mit Rösti oder Nudeln serviert, ist dieses Geschnetzelte dem Zürcher «Nationalgericht» absolut ebenbürtig.

Tipp:

Ist die Sauce zu dünn – etwas einkochen; ist sie zu dick, mit etwas Wasser verdünnen.

Tofu sweet & sour

Kommt auch Fleischessern chinesisch vor (VG)

4 Portionen

500 g Tofu
1 kleine Karotte
1 roter Peperone (Paprikaschote)
2 Frühlingszwiebeln
200 g Shitake-Pilze
1 EL Erdnussöl
1 EL Sesamöl
3 dl Wasser
3 EL Apfelessig
2 EL Rohzucker
1 EL Tomatenpüree
Sojasauce
1 EL Maizena (Speisestärke)
300 g frische Ananaswürfel

Marinade:
4 EL Sesamöl
½ dl Erdnussöl
¾ dl Sojasauce
4 EL Rohzucker
1–2 Knoblauchzehen, gehackt
1 nussgrosses Stück Ingwerwurzel, fein gehackt
1 EL Tomatenpüree

Am Vorabend: Zutaten für die Marinade mischen. Den Tofu in ca. 1,5 cm grosse Würfel schneiden, mit der Marinade übergiessen, gut mischen und über Nacht im Kühlschrank marinieren.
Karotte und Peperone in feine Streifen schneiden. Die Frühlingszwiebeln hacken, die Röhrchen in feine Ringe schneiden. Die Pilze putzen und feinblättrig schneiden.
Den Tofu aus der Marinade nehmen bzw. die Marinade in ein Schüsselchen abgiessen. Das Erdnussöl erhitzen und den Tofu darin gut anbraten, aus der Pfanne nehmen und beiseite stellen.
Das Sesamöl in die Pfanne geben und Karotten, Peperoni, Pilze und Zwiebeln darin anziehen lassen. Mit Marinade, Wasser und Essig auffüllen und mit Rohzucker, Tomatenpüree und Sojasauce abschmecken. Aufkochen, mit etwas Maizena binden. Ananas und den Tofu dazugeben, nochmals erwärmen.

Tipp:

Schmeckt vorzüglich mit Basmatireis.

Lime-Tofu

Unser Lieblingsrezept für Tofu (VG)

4 Portionen

500 g frischer Tofu
1 kleine Karotte
½ Lauch
1 Bund Frühlingszwiebeln
3 dl Weisswein
½ dl Limesaft (Limettensaft)
½ dl Erdnussöl
1 nussgrosses Stück Ingwerwurzel, fein geschnitten
4 dl Wasser
1 TL Maizena (Speisestärke)
1 Prise Rohzucker
1 TL Sojasauce
2 Limes (Limetten)

Marinade:
½ dl Sojasauce
1 Lime, Saft (Limette)
1 Knoblauchzehe, durchgepresst
1 TL Kurkuma (Gelbwurz)
Meersalz
1 TL Madras-Curry, mild

Den Tofu in ca. 1 cm grosse Würfel schneiden. Alle Zutaten der Marinade verrühren. Die Tofuwürfel darin mindestens 3 Stunden marinieren.
Karotte und Lauch in feine Streifen schneiden. Die Frühlingszwiebeln mitsamt den Röhrchen in feine Ringe schneiden. Weisswein und Limesaft auf 1 dl einkochen (einreduzieren) und beiseite stellen.
Den Tofu aus der Marinade nehmen, gut abtropfen lassen. Die Marinade aufheben.
Das Erdnussöl erhitzen und den Tofu darin kräftig anbraten. Aus der Pfanne nehmen. In derselben Pfanne Karotten, Lauch und Ingwer kurz andünsten. Mit dem einreduzierten Weisswein, der Marinade und dem Wasser auffüllen. Kochen, bis das Gemüse weich ist.
Mit Maizena binden. Die Tofuwürfel beifügen und die Frühlingszwiebeln einstreuen. Mit Rohzucker und Sojasauce abschmecken.
Mit Basmatireis und Lime-Vierteln servieren.

Paprikageschnetzeltes

Perfekt mit knuspriger Rösti (LOG)

4 Portionen

60 g Bratbutter
600 g Geschnetzeltes (Quorn, Tofu, Seitan)
1 Zwiebel, fein geschnitten
2 Knoblauchzehen, fein geschnitten
2 EL edelsüsser Paprika
1 TL Rohzucker
Meersalz
Pfeffer aus der Mühle
1 Schuss Cognac
1½ dl trockener Weisswein
3 dl Wasser
3 dl Vollrahm
90 g Essiggurken, in Streifen geschnitten

Die Bratbutter erhitzen. Das Geschnetzelte darin unter Wenden leicht braun anbraten.
Die Zwiebeln und den Knoblauch dazugeben, kurz mitdämpfen. Mit Paprika, Rohzucker, Meersalz und Pfeffer abschmecken. Mit Cognac und Weisswein ablöschen, einkochen lassen.
Wasser und Rahm dazugiessen. Bei kleiner Hitze 10 Minuten köcheln lassen. Die Essiggurken in Streifen schneiden. Kurz vor dem Servieren über das Gericht streuen.

Indisch

Chapati

Das Brot der Inder (LG)

ca. 25 Stück

Indischer Teig:
500 g Weissmehl
125 g Weizengriess
125 g Kochbutter, weich
1 Prise Meersalz
2½ dl Wasser, lauwarm

Mehl und Weizengriess auf eine Arbeitsfläche häufen. Butter und Meersalz beifügen. Von Hand feinkrümelig verreiben. In die Mitte eine Vertiefung eindrücken und das Wasser hineingeben. Vom Rand her zu einem Teig zusammenfügen und lange und gründlich kneten. Dann 1 Stunde zugedeckt ruhen lassen.
Aus diesem Grundteig können Sie die Chapati zubereiten (s. Foto Seite 104). Dazu den Teig ca. 2 mm dünn auswallen und Kreise von ca. 7 cm Durchmesser ausstechen. In der Bratpfanne auf beiden Seiten braten. 1 kg Grundteig reicht für ca. 25 Chapati.

Kachari

Krapfen mit würziger Füllung (LOG)

ca. 20 Stück

Eine Portion indischer Brotteig (Rezept Seite 106)

Füllung:
1 mittelgrosser, roter Peperone (Paprikaschote)
2 EL Erdnussöl
1 TL Senfsamen, hell
1 TL Kreuzkümmelsamen
200 g Erbsen, tiefgekühlt
1 TL Korianderpulver
1 TL Garam Masala
1 TL Rohzucker
Meersalz
1 TL Curry, scharf
1 Messerspitze Hing

1 Eigelb oder Wasser zum Bestreichen

Den Chapati-Teig nochmals gründlich durchkneten. Dann ca. 2 mm dünn auswallen. Kreise von 8 cm Durchmesser ausstechen.
Für die Füllung den Peperone sehr fein hacken. Senf- und Kreuzkümmelsamen im Erdnussöl anbraten, Peperoni und Erbsen mitdünsten, würzen und in der Pfanne mit einer Gabel zerdrücken. Falls die Masse sehr trocken wird, einen Schuss Wasser dazugeben.
Je einen Esslöffel Füllung in die Mitte jedes Teigkreises geben. Gut 1,5 cm Rand frei lassen und mit Eigelb bestreichen. Die Teigkreise zu Krapfen überschlagen. Die Ränder festpressen.
Die Krapfen frittieren oder bei 190 °C ca. 15 Minuten im Ofen backen.

Tipp:

Solche Krapfen können Sie auch auf Vorrat herstellen, sie eignen sich sehr gut zum Tiefkühlen. Zum Backen gefroren auf das Blech legen und im vorgeheizten Ofen 30 Minuten ausbacken.

Jaffna-Okras

Scharfe Lady's Fingers (V)

4 Portionen

1 roter Peperone (Paprikaschote)
3 EL Sojaöl
½ TL Kreuzkümmelpulver
¼ TL Fenchelsamen
½ TL schwarze Senfsamen
¼ TL Fenugreeksamen
2 Zwiebeln, in Ringe geschnitten
1 Knoblauchzehe, fein geschnitten
1 EL Tomatenpüree
1 Stück Ingwerwurzel, fein gehackt
1 TL edelsüsser Paprika
1 TL Jaffna-Curry
1 EL Tamarindenpaste
Meersalz
4 dl Wasser
4 dl Kokosmilch (Dose)
700 g Okras (Lady's Fingers, Gumbo, Bindi)
3 EL Sojaöl
wenig frischer Koriander

Den Peperone halbieren, entkernen und in 1 cm grosse Würfel schneiden.
Das Sojaöl erhitzen. Das Kreuzkümmelpulver bis und mit Fenugreeksamen darin andämpfen, bis es gut riecht. Die Peperoni, die Zwiebeln und den Knoblauch dazugeben, 8 Minuten mitdämpfen. Tomatenpüree und Ingwer beifügen, mischen. Mit Paprika, Curry, Tamarindenpaste und Meersalz abschmecken. Die Kokosmilch und Wasser dazugiessen. Bei kleiner Hitze 15 Minuten köcheln lassen. Dann die Sauce pürieren.
In der Zwischenzeit die Okras rüsten, den Stielansatz frisch anschneiden.
Das Sojaöl in einer Pfanne erhitzen. Die Okras mit etwas Meersalz darin hellbraun braten. Herausnehmen und in die Sauce geben. Nach Bedarf mit Meersalz abschmecken. Vor dem Servieren mit Koriander bestreuen. Dazu passt Basmatireis.

Tipp:

Okras wachsen überall auf der Welt, wo es heiss ist. Die samenhaltigen Schoten werden als Gemüse gegessen, wenn sie jung sind. Ausgewachsene Okras werden getrocknet, zu Pulver verarbeitet und zum Würzen verwendet. Die 5 bis 10 cm langen Schoten sind kräftig grün bis leicht gelb, sollten aber keine braunschwarzen Kanten haben. Sie geben beim Kochen einen gelatineartigen Schleim frei, der die Saucen auf natürliche Art bindet. Ist dies unerwünscht, behandelt man die Okras vor dem Zubereiten mit Zitronensaft und Salz.

Ravaya

Überliefertes Rezept von Grossmutter Margrith Hiltl (V)

4 Portionen

2 kleine Auberginen
1 mittlerer Zucchino
2 rote Peperoni (Paprikaschoten)
1 kleiner Blumenkohl
½ dl Erdnussöl
2 TL Kurkuma (Gelbwurz)
2 Messerspitzen Chilipulver
2 TL Korianderpulver
2 TL Curry, scharf
1 Messerspitze Hing
ca. 4 dl Wasser
200 g Erbsen, tiefgekühlt
Meersalz
2 EL Kokosraspel

Auberginen, Zucchino und Peperoni in gleichmässige Würfel schneiden. Den Blumenkohl in mittelgrosse Röschen teilen.
Das Erdnussöl erwärmen und die Gewürze darin auflösen. Zuerst den Blumenkohl dazugeben. Wasser beifügen und zugedeckt ca. 5 Minuten leicht kochen lassen. Auberginen, Zucchini und Peperoni beifügen. Alles nicht zu weich, sondern eher knackig garen.
Zum Schluss die Erbsen dazugeben, kurz mitkochen, abschmecken. Vor dem Servieren mit Kokosraspel bestreuen.
Mit Mango-Apfel-Chutney oder Orangenpickles und Basmatireis servieren.

Südindische Curry-Eier

Der Hit auf unserem indischen Buffet (O)

4–6 Portionen

8 frische Eier
1 grosse Tomate
3 EL Sojaöl
5 Curryblätter, frisch oder getrocknet
½ TL Kreuzkümmelsamen
½ TL schwarze Senfsamen
1 EL Tomatenpüree
1 kleine Zwiebel, in Streifen geschnitten
1 TL Kurkuma (Gelbwurz)
1½ TL Chilipulver
½ EL frische Ingwerwurzel, gehackt
1–2 Knoblauchzehen, fein geschnitten
Meersalz
½ EL Tamarindenpaste
½ EL Korianderpulver
2 EL Rohzucker
3 dl Wasser
1 EL Zitronensaft
4 dl Kokosmilch (Dose)
2 EL gemahlene Haselnüsse
wenig frischer Koriander, fein geschnitten

Die Eier in 10 Minuten hart kochen, abgiessen. Mit kaltem Wasser abschrecken, schälen und zugedeckt beiseite stellen.
Die Tomate kurz in siedendes Wasser tauchen, herausnehmen, kalt abschrecken. Dann enthäuten, halbieren, entkernen und in kleine Würfel schneiden.
Das Sojaöl erhitzen. Curryblätter, Kreuzkümmelsamen und Senfsamen darin 2 Minuten andämpfen.
Das Tomatenpüree beifügen, kurz mitdämpfen. Die Zwiebeln beifügen, 5 Minuten mitdämpfen.
Das Kurkuma bis und mit Zitronensaft mischen, beifügen und 1 Minute mitdämpfen.
Die Tomaten, die Kokosmilch und die Haselnüsse dazugeben. 20 Minuten bei kleiner Hitze köcheln lassen. Dann die Sauce pürieren.
Kurz vor dem Servieren die Eier halbieren, mit der Schnittseite nach oben anrichten. Die Sauce darübergiessen, mit Koriander bestreuen.

Tipp:

Tamarindus indica ist eine wichtige Zutat in der asiatischen Küche. Das Fleisch der bohnenartigen Frucht ist sehr faserig, voller harter Samen und schmeckt sehr säuerlich. Erhältlich als gepresstes Mark oder flüssig. Gibt Currys das einzigartige Aroma, verstärkt die Würze und ist als Weichmacher in Marinaden bekannt. In asiatischen Lebensmittelläden erhältlich.

Indische Snake Beans

Völlig harmlos ... (V)

4 Portionen

450 g Snake Long Beans (Schlangenbohnen)
Meersalz
2–3 Tomaten
3 EL Sesamöl (Gingelly oder Gingili)
1½ TL schwarze Senfsamen
½ TL Fenugreeksamen
½ Zimtstängel
2 Gewürznelken
3 EL Kokosraspel
1 TL Fenchelsamen
1 EL Tomatenpüree
2 TL Kurkuma (Gelbwurz)
1 EL Korianderpulver
½ TL Chilipulver
1 TL Kreuzkümmelpulver
1 EL Rohzucker
5 dl Wasser

Die Bohnen in 4 cm lange Stücke schneiden. In siedendem Salzwasser knapp weich kochen, abgiessen, kalt abschrecken und beiseite stellen.
Die Tomaten kurz in siedendes Wasser tauchen, herausnehmen, kalt abschrecken. Dann enthäuten, halbieren, entkernen und in kleine Stücke schneiden.
Das Sesamöl erhitzen. Die Senfsamen bis und mit Gewürznelken darin erhitzen, bis sie aufspringen und gut riechen. Kokosraspel, Fenchelsamen und Tomatenpüree beifügen, kurz mitdämpfen.
Kurkuma bis und mit Rohzucker dazugeben, mischen. Tomaten und Wasser beifügen, bei kleiner Hitze 20 Minuten köcheln lassen. Den Zimtstängel und die Gewürznelken entfernen. Die Sauce pürieren, mit Meersalz abschmecken.
Die Bohnen beifügen, kurz erhitzen. Dazu passt Reis.

Tipp:

Sesamöl schmeckt nussig und aromatisch. Es wird kaltgepresst, ist reich an ungesättigten Fettsäuren und gut lagerfähig. Es gibt zwei Qualitäten: Das helle, goldfarbene Sesamöl aus Indien, auch Gingelly oder Gingili genannt, ist neutral im Geschmack und ideal zum Braten und Kochen. Erhältlich in indischen Lebensmittelgeschäften. Amberfarbenes Öl schmeckt kräftiger, es wird aus gerösteten Samen hergestellt und stammt aus China, Japan oder Korea. Diese Qualität sollte nicht hoch erhitzt, sondern zum Würzen oder Marinieren verwendet werden. Überall erhältlich.

Indische Snake Beans

Basmatireis

Die köstliche und aromatisch duftende Beilage (V)

4 Portionen

320 g Basmatireis
1 EL Erdnussöl
½ Zimtstängel
2 Nelken
1 Lorbeerblatt
3 Kardamomkapseln, ganz
6 dl Wasser
Meersalz

Zimt, Nelken, Lorbeer und Kardamom im Erdnussöl anbraten. Mit Wasser auffüllen, salzen und aufkochen.
Den Reis in ein Sieb geben, mit kaltem Wasser abspülen und in das kochende Wasser geben. Zudecken, aufkochen, die Herdplatte abstellen und zugedeckt 10 Minuten ziehen lassen.
Vor dem Servieren die Gewürze entfernen und den Reis mit einer Gabel auflockern.

Zitronenreis

Erfrischend zu rassigen Curry-Gerichten (V)

4 Portionen

320 g Basmatireis
2 EL Sojaöl
1 TL schwarze Senfsamen
2 Nelken
5 Curryblätter
½ TL Kurkuma (Gelbwurz)
1 Zitrone, Saft und Zeste
Meersalz
6 dl Wasser
1 Hand voll eingeweichte Sultaninen
2 EL Cashewnüsse (Kernels) oder Erdnüsse

Senfsamen, Nelken, Curryblätter und Kurkuma im Sojaöl 1 Minute anbraten. Zitronensaft und Zeste, Wasser und Meersalz beifügen und aufkochen.
Den Reis in ein Sieb geben, mit kaltem Wasser abspülen und in das kochende Wasser geben. Die Sultaninen dazugeben, zudecken, aufkochen, die Herdplatte abstellen und zugedeckt 10 Minuten ziehen lassen.
Vor dem Servieren die gerösteten Cashew- oder Erdnüsse dazugeben und den Reis mit einer Gabel auflockern.

Dushin Rothli

Zucchini-Plätzchen pikant gewürzt (LG)

4 Portionen

1 grosser Zucchino ca. 350 g
½ TL Meersalz
2 EL Erbsmehl, gelb
2 EL Ruchmehl
1 Prise Muskatpulver
1 TL Kreuzkümmelsamen
1 Messerspitze Hing
2 TL Rohzucker
Chilipulver nach Belieben
Butter oder Öl zum Braten

Den Zucchino mit der Röstiraffel in eine Schüssel reiben. Salzen, gut mischen und 1 Stunde stehen lassen.
Zucchini von Hand gut ausdrücken und in eine grössere Schüssel geben. Alle weiteren Zutaten beifügen und gut vermengen. Aus der fertigen Masse beliebig grosse Plätzchen formen und in der Bratpfanne beidseitig goldgelb braten.

Tipp:

Wir braten bei uns die Plätzchen ganz klein, sodass sie mit einem Biss gegessen werden können, und servieren sie als kleine Extras zu anderen Beilagen. Die Masse können Sie gut auch schon einen Tag im Voraus zubereiten. Sie können auch nur Ruchmehl verwenden, das Erbsmehl gibt aber den speziellen Geschmack.

Vadai

Die koketten Kroketten vom indischen Buffet (V)

20 Stück

300 g Gelberbsen, halbe
1 TL Kreuzkümmelsamen
1 TL Fenchelsamen
Meersalz
1 Zweig Curryblätter
1 kleiner, grüner Chili, gehackt
1 kleine Zwiebel, gehackt

Öl zum Frittieren

Am Vorabend: Die Erbsen in der dreifachen Menge Wasser einlegen und über Nacht einweichen.
Am nächsten Tag abgiessen und gut abtropfen lassen. Einen Esslöffel eingeweichte Erbsen beiseite stellen, die übrigen auf einem Brett mit einem grossen Messer hacken – etwa so fein wie Maisgriess. Wenn Sie einen Cutter haben, umso besser, dann geht es schneller.
Die fein gehackten Erbsen mit allen übrigen Zutaten sowie den ganzen Erbsen gut vermischen. Mit einem Teelöffel walnussgrosse Kugeln formen und auf ein mit Backpapier belegtes Kuchenblech platzieren. Portionenweise im 180 °C heissen Öl frittieren.
Mit Reis, Dal und Kokos-Chutney ergibt dies eine absolut vollwertige Mahlzeit.

Tipp:

Vadai können Sie auf Vorrat herstellen und einfrieren. Bei Bedarf gefroren frittieren. Mit Shrikand (Rezept s. Seite 160) als Snack servieren.

Auberginen-Curry

Schnell gekocht zu jeder Jahreszeit (V)

4 Portionen

2 kleine, grüne Chili
2 grosse Auberginen
4 mittelgrosse Tomaten
2 EL Erdnussöl
1 TL Kreuzkümmelsamen
1 kleiner Zweig Curryblätter
2 TL Kurkuma (Gelbwurz)
2 Messerspitzen Korianderpulver
1 Prise Hing
Meersalz
3 dl Wasser

Die Chili fein hacken. Die Auberginen in ca. 1,5 cm grosse Würfel schneiden. Die Tomaten in Würfel schneiden.
Das Erdnussöl erhitzen, die Kreuzkümmelsamen darin anziehen lassen. Chili beifügen und kurz mitdünsten. Alle Gewürze beigeben, nochmals kurz dünsten. Die Auberginenwürfel beifügen und mit Wasser auffüllen. Ca. 5 Minuten kochen lassen, dann die Tomatenwürfel hinzufügen und das Gericht fertig kochen.
Mit Zitronenreis und Kokos-Chutney servieren.

Tipp:

Kreuzkümmel, auch als Jeera im Handel, wird in der indischen Küche häufig verwendet und ist auch Bestandteil von Curry-Mischungen. Ihm wird eine verdauungsfördernde Wirkung zugeschrieben. Heller Kreuzkümmel ist aromatisch, warm und trocken. Sein Aroma ist mit dem uns bekannten Kümmel nicht zu vergleichen. Schwarzer Kreuzkümmel ist stärker im Aroma.

Koriander-Pilaf

Eine von vielen Pilaf-Variationen (V)

4 Portionen

ca. 250 g Langkorn- oder Basmatireis
2 mittelgrosse Kartoffeln
2 EL Mandelblättchen
4 kleine Zucchini
1 grosse Zwiebel
½ dl Erdnussöl
2 Messerspitzen Chilipulver
2 TL Madras-Curry, mild
1 TL Kurkuma (Gelbwurz)
2 TL Korianderpulver
1 TL Meersalz
1 TL Garam Masala
2 dl Wasser
50 g Erbsen, tiefgekühlt

Den Reis mit Wasser und Meersalz kochen wie für eine Beilage, beiseite stellen.
Die ganzen Kartoffeln weich kochen, schälen und beiseite stellen. Die Mandelblättchen in einer beschichteten Pfanne ohne Fettzugabe rösten und beiseite stellen. Die Zucchini in ca. 5 mm dicke Scheiben und die Zwiebel in Ringe schneiden.
Das Erdnussöl erhitzen und die Zwiebeln darin glasig dünsten. Alle Gewürze beifügen und kurz mitdünsten. Zucchini und Wasser beigeben, mischen und aufkochen – nur ca. 3 Minuten köcheln, da die Zucchini sehr schnell gar sind.
Die Kartoffeln mit der Röstiraffel dazureiben. Den gekochten Reis mit einer Gabel etwas lockern und beigeben, die Erbsen daruntermischen.
Mit gerösteten Mandelblättchen bestreut servieren.

Tipp:

Ideal ist es, wenn Sie Reis und Kartoffeln vom Vortag übrig haben. Wählen Sie die Menge des Reises je nachdem, ob Sie ein Reisgericht oder eine Gemüsebeilage mit Reis kochen möchten.

Südindisches Avial

Von Kerala (L)

4 Portionen

200 g Kürbis
(ohne Schale und Kerne)
1–2 Zucchini
2–3 Kartoffeln
Meersalz
3 EL Kokosöl
4 Curryblätter
1 TL Senfsamen
½ TL Kreuzkümmelsamen
1 EL Chili, gehackt
½ Zimtstängel
10 schwarze Pfefferkörner
½ Zwiebel, fein gehackt
½ TL Kreuzkümmelpulver
1 TL Korianderpulver
1 TL Kurkuma (Gelbwurz)
½ TL Chilipulver
1 EL Wasser
4 dl Kokosmilch (Dose)
2 dl Wasser
1 Stück Ingwerwurzel, fein gehackt
1 TL Rohzucker
Meersalz
500 g Jogurt nature
wenig frischer Koriander

Den Kürbis und die Zucchini in 1,5 cm grosse Würfel schneiden. Die Kartoffeln schälen, ebenfalls in 1,5 cm grosse Würfel schneiden und in siedendem Salzwasser knapp weich kochen. Abgiessen, gut abtropfen lassen und beiseite stellen.
Das Kokosöl erhitzen. Die Curryblätter bis und mit Pfefferkörner darin dämpfen, bis es gut riecht. Die Zwiebeln dazugeben, mitdämpfen. Das Kreuzkümmelpulver bis und mit Wasser pastenähnlich verrühren. Beifügen, mitdämpfen.
Kokosmilch, Wasser, Ingwer, Rohzucker und Meersalz beifügen. Bei kleiner Hitze 10 Minuten köcheln lassen. Den Zimtstängel herausnehmen, die Sauce anschliessend pürieren.
Den Kürbis und die Zucchini dazugeben, knapp weich kochen. Die Kartoffeln und das Jogurt beifügen, nur noch heiss werden lassen. Mit Koriander bestreuen.

Tipp:

Curryblätter gibt es frisch oder getrocknet. Die frischen sind abgepackt in indischen Lebensmittelgeschäften erhältlich. Man kann sie selber trocknen oder gut verpackt (sie riechen sehr intensiv) tiefkühlen. Jogurt verträgt keine grosse Hitze; deshalb erst am Schluss beifügen und nur noch kurz heiss werden lassen.

Paneer

Indischer Frischkäse (L)

4–6 Portionen

1 l Bio-Vollmilch
3 EL Apfelessig
1 EL Zitronensaft

Die Milch in einer grossen Pfanne erhitzen, bis sie aufsteigt. Dann den Essig und den Zitronensaft darunterrühren. Das Milcheiweiss (Paneer) flockt aus. Ein doppelt gefaltetes Baumwoll- oder Mulltuch in ein Sieb legen. Die geschiedene Milch hineingiessen. Dann den Frischkäse im Sieb unter fliessendem kaltem Wasser etwa 1 Minute spülen. Anschliessend die Tuchenden zusammennehmen und die Flüssigkeit gut herauspressen. Verknoten oder binden und zwischen zwei Schneidebretter legen. Mit etwa 5 kg Gewicht, z.B. Konservendosen, über Nacht (im Kühlschrank) beschweren. Der Frischkäse (Paneer) ist danach schnittfest.
Haltbarkeit: 4 Tage im Kühlschrank.

Paneer Makhani

Bekannte Sauce aus Nordindien (L)

4 Portionen

500 g Tomaten
400 g rote Peperoni, (Paprikaschoten)
60 g Bratbutter
½ TL Fenugreeksamen
1 TL Kreuzkümmelsamen
1 Zwiebel, in Ringe geschnitten
1 Knoblauchzehe, fein geschnitten
70 g Tomatenpüree
½ TL Kurkuma (Gelbwurz)
½ TL Kardamompulver
½ EL edelsüsser Paprika
½ TL Kreuzkümmelpulver
½ TL Garam Masala
½ TL Ingwerpulver
½ TL Chilipulver
1 EL Fenugreekblätter
5 dl Wasser
Meersalz
2 EL Rohzucker
600 g Paneer, siehe linke Seite

Die Tomaten kurz in siedendes Wasser tauchen, herausnehmen, kalt abschrecken. Dann enthäuten, halbieren, entkernen und in kleine Stücke schneiden. Die Peperoni halbieren, entkernen und in 1 cm grosse Würfel schneiden.
Die Bratbutter erhitzen. Die Fenugreek- und die Kreuzkümmelsamen darin andämpfen. Die Zwiebeln und den Knoblauch beifügen, kurz mitdämpfen. Das Tomatenpüree dazugeben, mischen, kurz mitdämpfen.
Dann Kurkuma bis und mit Fenugreekblätter dazustreuen, mischen und mitdämpfen, bis es gut riecht.
Die Tomaten und Wasser beifügen, bei kleiner Hitze 30 Minuten köcheln lassen. Die Sauce pürieren, mit Meersalz und Rohzucker abschmecken.
Die Peperoni beifügen, weitere 10 Minuten köcheln lassen.
Den Paneer in 1 cm grosse Würfel schneiden, dazugeben und nur noch kurz heiss werden lassen. Dazu passt Basmatireis.

Tipp:

Wer das Gericht schärfer mag, gibt mehr Chilipulver dazu. Die Schärfe wird aber erst durch längeres Kochen spürbar, deshalb vorsichtig dosieren.

Bengalisches Gemüse

White Curry Rajma

Rajma

Stilvoll mit einem indischen Bier zu geniessen (V)

4 Portionen

200 g rote Bohnen (red Kidney)
1 kleine Aubergine
5 Tomaten
2 EL Erdnussöl
1 kleine Zwiebel, fein gehackt
1 TL Garam Masala
1 Messerspitze Chilipulver
1 kleines Stück Ingwerwurzel, fein geschnitten
2 TL Korianderpulver
1 TL Kurkuma (Gelbwurz)
1 dl Wasser
Meersalz
1 Bund frischer Koriander

Am Vorabend: Die Bohnen waschen, verlesen und über Nacht in der dreifachen Menge Wasser einlegen. Am nächsten Tag im Einweichwasser kochen, abgiessen und beiseite stellen.
Aubergine und Tomaten in Würfel schneiden. Das Erdnussöl erhitzen und die Zwiebeln darin anziehen lassen. Alle Gewürze und die Auberginenwürfel beifügen. Mit Wasser ablöschen und weich dünsten. Die gekochten Bohnen und die Tomatenwürfel dazugeben. Nach Bedarf etwas Wasser beifügen. Mit Meersalz abschmecken. Nochmals kurz aufkochen und mit frisch geschnittenem Koriander bestreut servieren.

Tipp:

Je nach Säuregehalt der Tomaten eine Prise Rohzucker beifügen. Mit Basmatireis und Sauerrahm servieren.

Bengalisches Gemüse

Sanfter Tiger mit aparter Würze (V)

4 Portionen

200 g Kürbis (ohne Schale und Kerne)
1 mittelgrosser Zucchino
1 kleine Aubergine
1 kleiner, grüner Chili
1 EL Erdnussöl
2 TL Senfsamen, hell
2 TL Methi Seeds (Bockshornklee)
2 TL Kreuzkümmelsamen
1 TL Fenchelsamen
4 dl Wasser
2 TL Meersalz
1 EL Rohzucker
80 g grüne Bohnen
1 TL Maizena (Speisestärke)
80 g Erbsen, frisch oder tiefgekühlt

Kürbis, Zucchino und Aubergine in ca. 1,5 cm grosse Würfel schneiden. Den Chili fein hacken.
Das Erdnussöl erhitzen. Senfsamen, Methi Seeds, Kreuzkümmel- und Fenchelsamen darin anbraten, bis es aromatisch duftet. Chili und Kürbiswürfel beifügen und kurz dünsten. Wasser, Meersalz und Rohzucker beigeben und aufkochen. Nach 3–5 Min. Kochzeit Zucchini, Auberginen und Bohnen beifügen. So lange kochen, bis die Gemüse gar sind.
Mit Maizena zur gewünschten Dicke binden. Zum Schluss die Erbsen dazugeben und kurz ziehen lassen.

Tipp:

Sie können den Kürbis auch durch Karotten ersetzen.
Mit Basmatireis und Mango-Apfel-Chutney servieren.

White Curry

Mit Milch gekocht (L)

4 Portionen

1 kleiner, grüner Chili
1 kleiner Lauch
3 grosse Karotten
2 dl Pastmilch
2 EL Erdnussöl
1 mittelgrosse Zwiebel, in Ringe geschnitten
1 Zweig Curryblätter
1 TL Senfsamen, schwarz
1 TL Fenchelsamen
½ TL Kreuzkümmelsamen
1 EL Rohzucker
Meersalz
1 TL Kurkuma (Gelbwurz)
1–2 dl Wasser

Den Chili fein hacken. Den Lauch in feine Streifen schneiden. Die Karotten schälen und in 5 mm dicke Scheiben schneiden. Die Milch in einer Pfanne um die Hälfte einkochen.
Das Erdnussöl erhitzen. Zwiebeln, Chili, Curryblätter, Senf-, Fenchel- und Kreuzkümmelsamen darin dünsten, bis die Zwiebeln glasig sind. Lauch, Karotten und die Gewürze dazugeben. Mit Wasser ablöschen, gut mischen und unter gelegentlichem Rühren knackig kochen.
Zum Schluss mit der Milch übergiessen – nicht mehr kochen, nur noch warm werden lassen, sonst gerinnt die Milch.
Mit Kokos-Chutney und Basmatireis servieren.

Dal

Rotes Linsenpüree (V)

4 Portionen

1 EL Erdnussöl
2 TL Kreuzkümmelsamen
1 TL Fenchelsamen
1 TL Senfsamen, schwarz
1 kleine Zwiebel, in Streifen geschnitten
1 Knoblauchzehe, durchgepresst
1 kleiner, grüner Chili, fein gehackt
1 kleiner Zweig Curryblätter
160 g rote Linsen
8 dl Wasser
1 Messerspitze Chilipulver
1 TL Kurkuma (Gelbwurz)
2 TL Garam Masala
1 TL Curry, scharf
Meersalz

Das Erdnussöl erhitzen und Kreuzkümmel- und Fenchelsamen darin bräunen. Senfsamen, Zwiebeln, Knoblauch, Chili und Curryblätter beifügen und anziehen lassen.
Die Linsen dazugeben und mit Wasser auffüllen. Die Gewürze beifügen und alles ca. 90 Minuten leicht köcheln lassen. Gelegentlich umrühren.
Passt zu allen indischen Gerichten und zu Basmatireis.

Tipp:

Mit Wasser leicht verdünnt und mit frisch geschnittenen Korianderblättern gewürzt, so servieren wir es als Salat. Mit noch mehr Wasser verdünnt, können Sie Dal warm als Suppe servieren. Mit weniger Wasser verdünnt und kalt ergibt es einen herrlichen Dip für Gemüse. Dal können Sie im Voraus zubereiten, es ist ca. 3 Tage haltbar.

Arabisch

Arabisches Bamja

Der neue Renner im Hiltl (V)

4 Portionen

400 g Okras
(Lady's Fingers, Gumbo, Bindi)
300 g Tomaten
3 EL Olivenöl
½ Zwiebel, fein gehackt
2 Knoblauchzehen, fein geschnitten
1 EL Tomatenpüree
1 TL Rohzucker
1 TL Ingwerpulver
1 Messerspitze Safranpulver
1 TL Kreuzkümmelsamen
1 TL Korianderpulver
Meersalz
Pfeffer aus der Mühle
5 dl Wasser
3 EL Olivenöl

Die Okras rüsten, den Stielansatz frisch anschneiden. Die Tomaten kurz in siedendes Wasser tauchen, herausnehmen, kalt abschrecken. Dann enthäuten, halbieren, entkernen und in kleine Stücke schneiden. Das Olivenöl erhitzen. Die Zwiebeln und den Knoblauch darin 5 Minuten andämpfen. Das Tomatenpüree und den Rohzucker dazugeben, 2 Minuten mitdämpfen.
Die Gewürze bis und mit Pfeffer beifügen, mit Wasser ablöschen. Bei kleiner Hitze 30 Minuten köcheln lassen.
Die Tomaten dazugeben, 5 Minuten mitkochen, dann die Pfanne von der Herdplatte ziehen.
Das Olivenöl erhitzen. Die Okras mit etwas Meersalz unter Wenden darin leicht braten. Anschliessend in die Sauce geben und nochmals kurz aufkochen. Dazu passt Reis, Ruchbrot oder warmes Fladenbrot wie in Nordafrika.

Tipp:

Wer es schärfer mag, würzt das Gericht zusätzlich mit Harissa oder Sambal Oelek.

¼ TEASPOON

Couscous Marrakesch

Von unserem Koch Rachid Amersid (V)

4 Portionen

70 g Kichererbsen
1 mittelgrosser Zucchino
1 roter Peperone
150 g Kürbis
(ohne Schale und Kerne)
1 grosse Kartoffel, geschält
3 EL Olivenöl
½ Zwiebel, gehackt
1 Knoblauchzehe, gehackt
1 EL Tomatenpüree
15 Safranfäden
1 TL Ingwerpulver
¼ TL Zimtpulver
1 TL Kreuzkümmelpulver
1 TL Korianderpulver
1 TL Paprika
7–8 dl Wasser
Meersalz
Pfeffer aus der Mühle
wenig frischer Koriander
oder glattblättrige Petersilie

Am Vorabend: Die Kichererbsen waschen und über Nacht in der dreifachen Menge kaltem Wasser einweichen.
Am nächsten Tag die Kichererbsen im Einweichwasser aufsetzen und weich kochen. Abgiessen, beiseite stellen.
Die Gemüse in 3 cm grosse, die Kartoffel in 2 cm grosse Würfel schneiden.
Das Olivenöl erhitzen. Den Knoblauch und die Zwiebeln darin andämpfen. Das Tomatenpüree dazugeben, kurz mitdämpfen.
Die Gewürze beifügen, mitdämpfen, bis es gut riecht. Wasser dazugiessen, 10 Minuten köcheln lassen. Dann die Sauce pürieren.
Die Kartoffeln dazugeben und sehr knapp weich kochen. Die Zucchini, die Peperoni und den Kürbis beifügen, bei kleiner Hitze weich kochen.
Kurz vor dem Servieren die gekochten Kichererbsen dazugeben, mit Meersalz und Pfeffer abschmecken. Mit Koriander- oder Petersilienblättchen bestreuen. Dazu passt Couscousgriess.

Tipp:

Die Safranfäden immer erst in wenig Wasser quellen lassen, damit sie das ganze Aroma und die intensive Farbe voll entfalten können.

Couscousgriess

Ohne grossen Aufwand (VG)

280 g Couscousgriess
4 dl Wasser
Meersalz
2 Prisen
Kreuzkümmelpulver

Den Couscousgriess in eine Schüssel geben. Mit Wasser, Meersalz und Kreuzkümmelpulver mischen. 20 Minuten in der Mitte des auf 100 °C vorgeheizten Backofens quellen lassen. Vor dem Servieren mit einer Gabel lockern.

Libanesisches Badingal

Sehr interessant und exotisch (V)

4 Portionen

125 g Kichererbsen
500 g Auberginen
1 TL Meersalz
Olivenöl zum Braten
350 g Tomaten, z.B. San Marzano
3 EL Olivenöl
1 mittelgrosse Zwiebel, in feine Schnitze schneiden
1 Knoblauchzehe, fein geschnitten
½ TL Kreuzkümmelsamen
2 EL Tomatenpüree
1 kleiner Zimtstängel
1 TL Korianderpulver
¼ TL Chilipulver
1 TL Rohzucker
Meersalz
Pfeffer aus der Mühle
7 dl Wasser
ein paar Tropfen Orangenblütenwasser
3–4 EL Pinienkerne, geröstet

Am Vorabend: Die Kichererbsen waschen und über Nacht in der dreifachen Menge kaltem Wasser einweichen.
Am nächsten Tag die Kichererbsen im Einweichwasser aufsetzen und weich kochen. Abgiessen, beiseite stellen.
Die Auberginen in 1,5 cm grosse Würfel schneiden. Mit Meersalz mischen, in ein Sieb geben und 20 Minuten ziehen lassen. Mit Haushaltpapier trockentupfen. Das Olivenöl erhitzen. Die Auberginen darin unter Wenden leicht anbraten. Herausnehmen und beiseite stellen.
Die Tomaten kurz in siedendes Wasser tauchen, herausnehmen, kalt abschrecken. Dann enthäuten, halbieren, entkernen und in kleine Stücke schneiden.
Das Olivenöl mit Zwiebeln, Knoblauch und Kreuzkümmelsamen in einer Pfanne unter Rühren langsam erhitzen und bei kleiner Hitze glasig dämpfen. Die Tomaten und das Tomatenpüree beifügen, mitdämpfen. Den Zimtstängel und die übrigen Gewürze sowie Wasser dazugeben, 15 Minuten köcheln lassen.
Die Kichererbsen und die Auberginen beifügen, 5 Minuten köcheln lassen. Mit Orangenblütenwasser abschmecken. Mit Pinienkernen bestreuen.

Tipp:

Dazu passt gekochter Reis und Jogurt mit Pfefferminze: Dafür Jogurt nature mit reichlich fein geschnittener Minze mischen, mit Meersalz und Pfeffer abschmecken. Gewürze bekommen einen intensiveren Geschmack, wenn sie vorher – jede Sorte einzeln – in einer Pfanne trocken geröstet werden.

Saucen
Chutneys

Lime-Salatsauce

Leicht und erfrischend (V)

6–8 Portionen

100 g glattblättrige Petersilie
2½ dl Limesaft, frisch gepresst (Limettensaft)
1 Lime, Schale fein abgerieben (Limette)
1 TL Kreuzkümmelpulver
1 TL Kardamompulver
knapp 1 EL Meersalz
1–2 EL Rohzucker
1–2 Knoblauchzehen, durchgepresst
0,7 dl Apfelessig
3 dl Olivenöl

Die Petersilienblättchen von den Stängeln zupfen. Dann mit den übrigen Zutaten bis und mit Apfelessig im Mixer fein pürieren. Das Olivenöl langsam dazufliessen lassen, dabei weitermixen.

Tipp:

Die Sauce, ohne Knoblauch zubereitet, kann in einer Flasche 10 Tage im Kühlschrank aufbewahrt werden. Zu allen Blattsalaten oder speziell zu frischem Spargel.

Ingwer-Raita

Ein wohltuender Kontrast zu indischen Currys (L)

4 Portionen

1 Stück Gurke, ca. 3–4 cm
1 Tomate
1 EL Ingwerwurzel, frisch
360 g Jogurt nature
1 TL Senfsamen
wenig frische Korianderblätter
Meersalz
Rohzucker

Alle Gemüse (die Gurke ungeschält) in kleinste Würfelchen schneiden, den Ingwer sehr fein raffeln. Gemüse und Ingwer mit dem Jogurt vermischen. Die Senfsamen mit der Pfeffermühle darübermahlen oder mit dem Wallholz zerquetschen und beifügen. Die Korianderblätter fein schneiden und ebenfalls beimischen.
Mit Meersalz und Rohzucker abschmecken.

Tipp:

Frische Ingwerwurzel ist ziemlich scharf. Probieren Sie aus, mit wie viel oder wie wenig Ihnen die Sauce am besten schmeckt.

Mayonnaise

Die Express-Variante, die bestimmt gelingt (O)

8 Portionen

2 dl Sonnenblumenöl
1 frisches Ei
½ TL Senf
Meersalz
wenig Zitronensaft

Das Sonnenblumenöl bis und mit Senf in einen hohen Mixbecher geben.
Mit dem Stabmixer (mit Schlagscheibe) 30 Sekunden, ohne zu bewegen, aufmixen. Anschliessend weitermixen, dabei den Stabmixer senkrecht auf und ab bewegen. Nach einer Minute ist die Mayonnaise fertig. Mit Meersalz und Zitronensaft abschmecken.

Tipp:

Die Zutaten müssen alle die gleiche Temperatur aufweisen: Das Ei rechtzeitig aus dem Kühlschrank nehmen. Die Mayonnaise kann auch mit halb Sonnenblumen- und halb Olivenöl zubereitet werden.

Almonaise

Die Mayonnaise-Variante ohne Ei (V)

8 Portionen

2 dl Sonnenblumenöl
1 dl kaltes Wasser
1 EL Essig
1 TL Senf
1 EL Mandelpüree
Meersalz

Das Sonnenblumenöl bis und mit Mandelpüree in einen hohen Mixbecher geben.
Mit dem Stabmixer (mit Schlagscheibe) 30 Sekunden, ohne zu bewegen, aufmixen. Anschliessend weitermixen, dabei den Stabmixer senkrecht auf und ab bewegen. Nach einer Minute ist die Almonaise fertig. Mit Meersalz abschmecken.

Tipp:

Die Almonaise ist nicht nur ohne Ei, sondern durch den Wasseranteil auch kalorienreduziert. Mandelpüree ist im Reformhaus erhältlich, vor dem Gebrauch immer gut aufrühren.

Dattel-Chutney

Raffiniert, aus Südindien (V)

4 Portionen

100 g Datteln
1 grosse Zwiebel, fein gehackt
1 kleiner, grüner Chili, fein geschnitten
wenig frischer Koriander, fein gehackt
2 TL Rohzucker
3 EL Zitronensaft
½ TL Kreuzkümmelpulver
Meersalz
1 Stück Ingwerwurzel, fein gehackt
1 EL Sojaöl
1–2 EL Birnendicksaft (Birnel)
4 EL Tomatenpüree
5 EL Sultaninen

Die Datteln halbieren, entkernen und fein schneiden. Die Zwiebeln bis und mit Sultaninen mischen. Die Datteln beifügen, daruntermischen. Das Dattel-Chutney in ein gut verschliessbares Gefäss geben. Im Kühlschrank aufbewahren.
Haltbarkeit: 1–2 Wochen.

Tipp:

60 g Birnel süsst wie 100 g Zucker. Der honigähnliche, flüssige Zuckerzusatz schmeckt leicht nach Karamell und erfrischend nach Birnen. Er ist der traditionelle Süssstoff für Lebkuchen. In Reformläden oder teilweise beim Grossverteiler erhältlich.

Kokos-Chutney

Ein Rezept aus dem Süden Indiens (L)

4 Portionen

1 grüner Chili, fein gehackt
1 kleine Zwiebel, fein gehackt
1 Bund Curryblätter
ca. 1,6 dl Milch
1 Schuss Zitronensaft
1 Prise Meersalz
1 Prise Rohzucker
100 g Kokosraspel

Alle Zutaten – ausgenommen die Kokosraspel – mit 1 dl Milch in den Mixer geben und fein mixen. Die Kokosraspel beifügen und nochmals kurz mixen. In eine Schüssel geben und mit dem Rest der Milch zur gewünschten Konsistenz auffüllen.

Tipp:

Das Chutney soll nicht zu dünn sein. Sie können es im Kühlschrank 2 Tage aufbewahren.

Tahina

Mit Olivenbrot oder auf Crostini serviert (L)

4 Portionen (Vorspeise)

200 g Kichererbsen, roh, oder 430 g gekocht
100 g Sesampüree
2 Jogurt nature, 360 g
1 Knoblauchzehe, fein geschnitten
1 TL Zitronensaft
Meersalz
1 TL Paprika, edelsüss
1 Bund glattblättrige Petersilie, gehackt
2 EL Olivenöl

Am Vorabend: Die rohen Kichererbsen gut verlesen (manchmal sind auch Steine dabei) und waschen. Über Nacht in der dreifachen Menge kaltem Wasser einweichen.
Am nächsten Tag im Einweichwasser kochen, bis sie fast zerfallen, abgiessen und gut abtropfen lassen. Mit einer Gabel zu einem Püree zerdrücken, alle übrigen Zutaten daruntermischen und abschmecken.

Tipp:

Mehr Rasse bekommt das Tahina, wenn Sie etwas Tabasco oder Harissa beifügen.

Shrikand

Der berühmte Safran-Quark (L)

4 Portionen

500 g Magerquark
60 g Rohzucker
2 Messerspitzen Safran
etwas Pastmilch

Alle Zutaten gut mischen, falls der Quark sehr kompakt ist, mit Pastmilch verdünnen.
Kontrastiert ausgezeichnet mit der Schärfe von indischen Gerichten.

Tipp:

Diesen berühmten Safran-Quark können Sie auch als Dessert mit gerösteten Mandeln geniessen.

Madras-Sauce

Über Jahrzehnte das bestgehütete Rezept des Hauses (V)

1 Liter

3 grosse Zwiebeln
1 dl Erdnussöl
1 EL Tomatenpüree
3 EL Kokosraspel
3 TL Madras-Curry, mild
2 TL Madras-Curry, scharf
½ TL Kardamompulver
1 TL Korianderpulver
1 Messerspitze Chilipulver
1 EL Rohzucker
Meersalz
1 l Wasser

Die Zwiebeln in Ringe schneiden. Das Erdnussöl erhitzen und die Zwiebeln darin ca. 10 Minuten dünsten, ohne dass sie Farbe annehmen. Tomatenpüree, Kokosraspel und die Gewürze, Rohzucker und Meersalz beifügen. Mit dem Wasser auffüllen. Mindestens 1 Stunde nicht zugedeckt köcheln lassen. Gelegentlich umrühren.
Alles mit einem Mixstab oder im Mixer pürieren und nochmals mit Meersalz und evtl. Chilipulver abschmecken.

Tipp:

Sie können diese Sauce auf Vorrat zubereiten. Sie ist einige Tage im Kühlschrank haltbar.
Sie können sie auch portionenweise, z. B. in Jogurtbechern, einfrieren.
Mit Bouillon verdünnt und mit frisch gerösteten Croûtons wird eine Curry-Zwiebel-Suppe daraus.

Kresse-Salatsauce

Leicht, mit wenig Kalorien (L)

2 Deziliter

1 TL Dijonsenf
5 Tropfen Tabasco
½ dl Zitronensaft
1 kleine Schale Kresse
1 Jogurt nature, 180 g
1 Bund Petersilie
Meersalz
1 Prise Rohzucker

Alle Zutaten im Mixer oder mit dem Stabmixer gut mixen.
Wichtig: Diese Sauce muss stets frisch zubereitet werden, damit sie ihre schöne grüne Farbe behält. Geeignet für Sommer-Blattsalate.

Die beschriebenen Saucen und Chutneys können Sie auch bei uns im Restaurant kaufen.

Desserts

Brownies

Das Rezept, auf das unsere Stammgäste schwören (LOG)

ca. 25 Stück
(Blech 30 x 27 cm)

360 g Kochbutter
490 g Vanille-couverture, geraspelt (dunkle Kuvertüre)
5 Bio-Eier, über 55 g
1 Prise Salz
540 g Rohzucker
½ TL Vanillezucker
450 g Baumnuss-kerne
360 g Bauernmehl (Halbweissmehl)
Butter für das Blech

Butter und Vanillecouverture in einem Pfännchen auf kleinster Stufe schmelzen.
Eier, Salz, Rohzucker und Vanillezucker schaumig schlagen.
Die Eimasse mit der Butter-Schokolade-Masse sorgfältig mischen. Mehl und Nüsse darunterheben.
Den Backofen auf 180 °C vorheizen.
Das Backblech grosszügig buttern. Die Brownies-Masse darauf ausstreichen und im unteren Drittel des Ofens ca. 22 Minuten backen (im Heissluftbackofen ca. 4 Minuten weniger).
Auskühlen lassen und in ca. 4 cm grosse Würfel schneiden.

Tipp:

Brownies kann man in einer Blechdose sehr gut einige Tage aufbewahren.

Mango-Glace

Ein absoluter Renner in unserem Restaurant (LO)

5 Deziliter

4–6 sehr reife Mangos
2 EL Zitronensaft
20 g Rohzucker, je nach Aroma und Süsse der Frucht
2 Eiweiss
1 dl Vollrahm

Die Mangos schälen, das Fruchtfleisch dem Stein entlang wegschneiden und im Mixer pürieren. Es soll 400 g nicht zu dickes Püree ergeben.
Die beiden Eiweiss leicht verklopfen. Alle Zutaten gut mischen und in den Tiefkühler stellen.
Nach 30 Minuten gut umrühren und zurückstellen.
Nach weiteren 45 Minuten und nach 60 Minuten nochmals gut umrühren. Danach vollständig gefrieren lassen.
Ohne Rahm wird ein Sorbet daraus.

Tipp:

Wenn Sie eine Glacemaschine besitzen, können Sie sich das Umrühren ersparen, und die Mango-Glace wird erst noch luftiger.

Nuss-Salat

Schmeckt irgendwie nach Weihnachten (L)

4 Portionen

200 g Baumnusskerne (Walnüsse)
50 g getrocknete Datteln
100 g getrocknete Feigen
50 g getrocknete Bananen
175 g frische, klein geschnittene Ananasstücke
1 EL Sultaninen
2–3 Äpfel, ca. 250 g
1 EL Zitronensaft
3½ dl Vollrahm

Nüsse, Datteln, Feigen und Bananen im Cutter oder von Hand grob hacken. Die Sultaninen und die Ananasstücke beifügen.
Die Äpfel waschen und mit der Schale auf der Röstiraffel reiben. Sofort mit Zitronensaft mischen.
Den Rahm steif schlagen. Dörrfrüchte, Äpfel und Schlagrahm mischen.
Frisch servieren.

Osterkuchen

Ein Top-Rezept (LOG)

2 Kuchen à 18 cm ø
(ergibt ca. 12 Stücke)

Reis für die Füllung:
180 g Reis, Vialone
2 dl Wasser
6 dl Pastmilch
2 TL Rohzucker
1 Prise Meersalz

Teig:
200 g Weissmehl
100 g weiche Butter
1 kleine Prise Meersalz
1 Ei
1–2 TL Rohzucker

Füllung:
100 g Marzipan
40 g Rohzucker
50 g Kochbutter
2 Messerspitzen Zitronenschale, geraspelt
ca. 1 EL Wasser
2 Eier
1,4 dl Vollrahm
40 g Sultaninen

Butter für das Blech

Am Vortag: Den Reis mit 2 dl Wasser aufkochen. Die Milch beifügen, aufkochen und auf niedrigster Stufe ca. 60 Minuten weich kochen. Bei Bedarf etwas Wasser nachgiessen. Erst zum Schluss Meersalz und Rohzucker beifügen. Vollständig erkalten lassen.
Für den Teig Mehl und Butter zwischen den Händen feinkrümelig zerreiben. Meersalz, Ei und Rohzucker beigeben.
Alles zu einem geschmeidigen Teig zusammenfügen. Sollte der Teig sehr brüchig sein, einige Spritzer Wasser darunterkneten. Den Teig zu einer Kugel formen, in Folie einpacken und mindestens 1 Std. oder über Nacht im Kühlschrank ruhen lassen.
Für die Füllung Marzipan, Rohzucker, Butter, Zitronenschale, Wasser und Eier ca. 15 Minuten rühren. Den Reis unter die Eimasse mischen. Den Rahm steif schlagen und ebenfalls beimischen.
Den Backofen auf 170 °C vorheizen. Den Teig halbieren. Jede Hälfte rund auswallen, ca. 20 cm Durchmesser. Zwei entsprechende Kuchenbleche buttern, den Teig hineinlegen und mit einer Gabel dicht einstechen. Die Sultaninen darüberstreuen und die Füllung darauf verteilen. Im unteren Drittel des vorgeheizten Ofens ca. 25 Minuten backen.

Tipp:

Der Kuchen schmeckt am besten frisch. Sie können aber den Teig auf Vorrat zubereiten und einfrieren.

Hilt
Seit 1898

Drinks

Frühlings-wecker (L)

2 Portionen (6–7 dl)

4 dl Orangensaft
180 g Bifidus-Jogurt, nature
1 dl Sanddornsirup

Mit einem Schwingbesen gut mischen.

India-Saft (V)

2 Portionen (7 dl)

2 vollreife Mangos
2 dl Orangensaft
1 EL Zitronensaft
1 Prise Garam Masala

Die Mangos schälen, das Fruchtfleisch dem Stein entlang wegschneiden. Mit den übrigen Zutaten mit dem Stabmixer oder im Mixer fein mixen. Evtl. durch ein Sieb passieren.

Abricotine (V)

2 Portionen (6 dl)

½ kleiner Apfel
4 Aprikosen
1 Hand voll Himbeeren
3 dl Orangensaft
1 dl Wasser

Apfel und Aprikosen in kleine Stücke schneiden. Alle Zutaten im Mixer oder mit dem Stabmixer pürieren. Nicht absieben, es sei denn, die Himbeerkernchen stören Sie!

Herbst-Saft (V)

2 Portionen (6 dl)

½ Zitrone, Saft
½ Apfel
400 g weisse Trauben, z. B. Regina
80 g Heidelbeeren (ca. 4 EL)
2 dl Wasser

Apfel, Trauben und Beeren waschen, rüsten, zerkleinern, mixen und durch ein Sieb passieren.

Chlaus-Saft (V)

2 Portionen (5–6 dl)

3 dl Orangensaft
2 Mandarinen
3 Datteln, entsteint und zerkleinert
1 Prise Zimtpulver

Alles mixen und durch ein Sieb passieren.

Masala-Kaffee (L)

1 Portion

1 Reihe dunkle Bitterschokolade, ca. 20 g
1½ dl starker, schwarzer Kaffee
1 dl Milch
1–2 EL Schlagrahm
1 Messerspitze Garam Masala
Schokoladepulver
Zucker nach Belieben

Die Schokolade in einer Pfanne im Kaffee schmelzen, ohne zu kochen, dann in ein grosses Glas geben. Die Milch erhitzen und dazugeben. Alles gut mischen. Schlagrahm daraufgeben. Garam Masala und Schokoladepulver darüberstreuen und heiss servieren.

Hiltl

Melo-Melo (V)

2 Portionen (6 dl)

3 dl Orangensaft
1 kleine Cavaillon- oder Honigmelone
½ Apfel

Melone und Apfel in kleine Stücke schneiden und mit Orangensaft mixen.

Tipp:

Mit einem Schuss Rosenwasser wird der Saft vornehm indisch.

Tropical (V)

2 Portionen (5 dl)

3 dl Orangensaft
4 Passionsfrüchte
1 Guave
2 Scheiben Ananas, frisch

Alles klein schneiden, mixen und durch ein Sieb passieren.

Hiltl

Wir sind Hiltl

So international, wie unsere Kundschaft

Ana Iran
Ganesch Sri Lanka
Hugo Portugal
Nada Bosnien
Michael Schweiz
Marielle Frankreich
Nick Österreich
Andrea Schweiz
Tarek Bangladesch

Raul Spanien
Flurina Schweiz
Katja Schweiz
Slavica Serbien
Virat Indien
Jana Deutschland
Djabba Frankreich
Silvan Schweiz
Anuschka Schweiz

Silvija Serbien
Susanne Schweiz
Sri Sri Lanka
Bronnia Tschechien
Reza Afghanistan
Anja Schweiz
Slavisa Serbien
Eva Schweiz
Barbara Schweiz

Joe Indien
Holger Deutschland
Vera Serbien
Fatmir Kosovo
Ahmed Somalia
Rainer Schweiz
Sira Spanien
Peter Schweiz, USA
Julbert Frankreich

Melike Schweiz, Türkei
Lozoyodo Tibet
Thierry Schweiz
Léocadie Kongo
Bernadette Österreich
Aguida Brasilien
Thomas Ghana
Banu Türkei
Nevenka Bosnien

Amanda Schweiz
Bel Kongo
John Schweiz
Fujia China
Pepe Schweiz
Rosemarie Schweiz

ysia
Daniela
Schweiz
Brigitte
Schweiz
Tashi
Tibet
Désirée
Schweiz
Asa
Schweden
Miek
Holland, Schweiz
Agung, Indonesien,
Schweiz
Rachid
Marokko, Schweiz
bia
Sandra
Schweiz
Rolf
Schweiz
Arnold
Deutschland
Saleban
Somalia
Adnan
Kosovo
Kamina
Sri Lanka
Andi
Schweiz
Ruben
Spanien, Schweiz
h
veiz
Helmut
Österreich
Azeem
Pakistan, Schweiz
Meike
Schweiz
Zia
Afghanistan
Erika
Schweiz
Mila
Schweiz
Cetin
Türkei
Zorica
Serbien
ul
ei
Danica
Schweiz
Sven
Deutschland
Islam
Bangladesh
Hanni
Schweiz
Selami
Mazedonien
Andrea
Schweiz
Sangeetha
Sri Lanka
Shefit
Mazedonien
nes
tschland
Yolanda
Schweiz
Ananthan
Sri Lanka
Dinsileda
Tibet
Ibrahim
Guinea
Filorete
Serbien
Anabela
Portugal
Yoydel
Kuba
Sarah
Schweiz

Ein ausgezeichnetes Konzept

Selbst für seine Werbung wurde das Hiltl bereits preisgekrönt. Und für seine Gastlichkeit sowieso.

The New York Festivals, International Print Advertising 1994

ADC Silber 2002 / 2003

Schweizer Corporate-Design-Preis 1994/95

AUSZEICHNUNG

PROJEKT: RESTAURANT HILTL VEGI
AUFTRAGGEBER: RESTAURANT HILTL VEGI, ZÜRICH
GESTALTUNG: WIRZ IDENTITY AG, ZÜRICH

SPRECHER DER JURY
CORPORATE-DESIGN-PREIS 1994/95

PRÄSIDENT
HKS WARENZEICHENVERBAND

Schweizer Corporate Design Preis, 1994/95

Edi 2003, der Schweizer Auftrags- und Werbefilmpreis, bestes Konzept

Gold Lorbeeren 2002, Hiltl-Kochbuch

Hiltl – auch im Ausland auf Platz 1

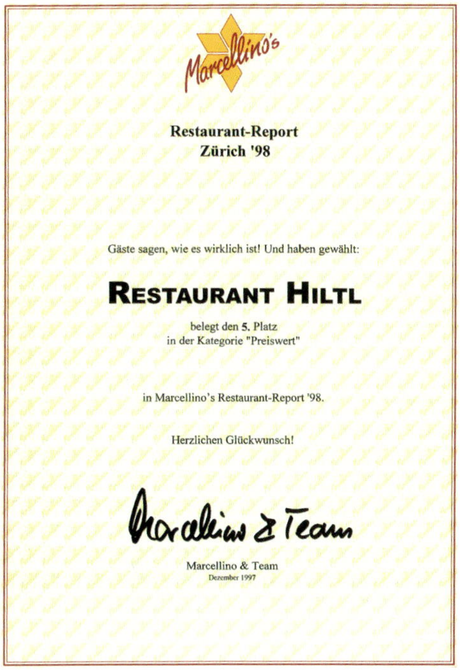

Marcellino's Restaurant-Report 1998 / Gäste-Preis

Guinness Buch der Rekorde, 1998

Auszeichnung in der Mitte: Mérite Brasserie & Bistro 1997

Finalist Award Winner, Werbespot «Hunt» 2005

Vom Wurzelbunker zum Gourmettempel

Die Hiltl-Saga oder warum sich das älteste vegetarische Restaurant Europas in Zürich befindet.

Die 1. Generation

Ambrosius Hiltl (1877-1969) liebte alles Schöne – die Oper, die Natur, schöne Bilder und Möbel, Kleider und Reisen. Ausserdem war er ein flexibler Mensch mit Unternehmergeist, Selbstvertrauen und Risikofreude.

Er wuchs als Sohn eines Kleinbauern im bayerischen Neumarkt auf und lernte ein Handwerk, denn – das Wort galt damals noch viel – «Handwerk hat goldenen Boden». Als Schneidergeselle machte er sich auf die Wanderschaft. Fremdes Brot zu essen gehörte in jener Zeit zur Allgemeinbildung eines Handwerkers und wurde von den Berufsverbänden mit 5 Pfennigen Kilometergeld unterstützt. Ambrosius Hiltls Wege führten ihn dabei mehrmals in die Schweiz. Mit Nadel, Faden, Schere und Fingerhut verdiente er sich in Basel, im Jura, in Genf, Liestal, Herisau und Interlaken seinen Lebensunterhalt, bis er sich im Herbst 1897, im Alter von 20 Jahren, in Zürich niederliess.

Ambrosius Hiltl

1898 wurde in Zürich das «Vegetarierheim und Abstinenz-Café» eröffnet. Wegen ungünstiger Lage zog es sehr bald von der Stockerstrasse an die Sihlstrasse 28. Man kam trotzdem auf keinen grünen Zweig – wegen Misswirtschaft einerseits, aber auch, weil die Vegetarier verschrieen waren. Zudem war kaum geeignetes Küchenpersonal zu finden.

1901 erkrankte der Schneidergeselle Ambrosius Hiltl an Gelenkrheuma. Sein Arzt fackelte nicht lange und prophezeite ihm den frühen Tod, falls er nicht unverzüglich seine Ernährung umstellen und ganz auf Fleisch verzichten würde.

Schmackhafte und abwechslungsreiche fleischlose Mahlzeiten waren damals für einen alleinstehenden Schneidergesellen nicht einfach zu organisieren, und so kam Hiltl durch Empfehlung eines Freundes ins «Vegetarierheim». Der Sonntagsbraten war zu jener Zeit kulinarisch das Höchste der Gefühle, dokumentierte er doch, dass man es zu etwas gebracht hatte und sich Fleisch leisten konnte. Vegetarier wurden als «Grasfresser» verspottet. Dem «Vegetarierheim» verpasste der Volksmund gar den Spitznamen «Wurzelbunker».

Ambrosius Hiltl imponierte die fleischlose Kost, und vor allem führte sie bei ihm zu einer verblüffend raschen Heilung. Deshalb liess er sich nicht lange bitten, als 1903 für den kränkelnden Betrieb ein Geschäftsführer gesucht wurde. Welch eine Herausforderung für den Schneider aus Neumarkt. Der Tagesumsatz im «Vegetarierheim» betrug damals ganze 35 Franken – und damit musste immerhin das Personal (zwei Küchenmädchen, eine Serviertochter und die Köchin) entlohnt werden. Die in einer streng vegetarisch lebenden Familie in Sachsen aufgewachsene Köchin Martha Gneupel schwang das Zepter in der Küche und half auch im Service mit. Dank steigendem Umsatz konnte Ambrosius Hiltl den Betrieb 1904 schliesslich übernehmen. Kurz darauf heiratete er Martha Gneupel, und sie hatten zusammen zwei Söhne und eine Tochter.
1907 kaufte Ambrosius Hiltl die Liegenschaft an der Sihlstrasse 28. Verwundert fragten seine Freunde: «Wieso kaufst du ein Haus vor der Stadt?» – Zwischen Bahnhofstrasse und Sihlstrasse war damals ein kleiner Wald, und gegenüber dem Gebäude befanden sich ein

Martha Hiltl-Gneupel

alter Friedhof und die St.-Anna-Kapelle. 1909 erhielt die Familie Hiltl das Bürgerrecht von Zürich. 1925 wurde das Restaurant erstmals neu gestaltet.

Interessant ist übrigens, dass fast gleichzeitig mit Hiltls Entdeckung der vegetarischen Küche der zehn Jahre ältere Dr. med. Max Bircher-Benner am Zürichberg eine Klinik eröffnete, um seine Patienten mit fleischloser Ernährung zu kurieren. Hiltl und Bircher-Benner entsprachen dabei keineswegs dem Bild des alles verteufelnden Sektierers. Sie interpretierten Nahrung nicht losgelöst für sich allein, sondern im Kontext mit Kultur und Lebensart. So war Ambrosius Hiltl kein lustfeindlicher Moralapostel. Dies bezeugt Dr. Ralph Bircher, der Sohn Max Bircher-Benners, der in einer Festschrift zum 90. Geburtstag Hiltls schrieb: «Da steht der neunzigjährige Pionier vegetarischer Gastlichkeit Ambrosius Hiltl, und ist das genaue Gegenteil, was die Welt sich unter einem solchen Menschen vorzustellen pflegt, denn er ist robust, vital und jovial wie

Restaurant-Eingang nach der Jahrhundertwende

So präsentierte sich das Hiltl von 1931 bis 1973 den Passanten

kaum einer in diesem Alter, ein erfolgreicher Mann von Welt, und alles andere als ein bleicher, schmalbrüstiger, erfolg- und humorloser Sonderling.»

«Mein Grossvater war ein weltoffener und vielseitig interessierter Mann», erinnerte sich Heinz Hiltl. «Er reiste viel und gerne, mischte sich oft unter die Gäste und verstand es stets, eine Atmosphäre zu schaffen, in der sich vor allem Künstler, Politiker und Intellektuelle wohl und inspiriert fühlten.» Diese Tradition ist erhalten geblieben – Prominenz jeglicher Couleur ist im Restaurant an der Sihlstrasse anzutreffen.

Die 2. Generation

Exakt an ihrem zwanzigsten Geburtstag trat Margrith Rubli 1926 als Service-Mitarbeiterin ins vegetarische Restaurant der Familie Hiltl ein. Anlässlich ihres achtzigsten Geburtstags erinnerte sich die Jubilarin noch ganz genau an die damals geltenden Arbeitsbedingungen. So sei sie täglich von 7.00 Uhr in der Frühe bis 21.30 Uhr abends – unterbrochen von 1½ Stunden Zimmerstunde – präsent gewesen. Einen halben Tag pro Woche hatte man frei. Der Monatslohn betrug 60 Franken plus Kost

Die erste voll elektrische Küche in Zürich: natürlich im Hiltl, 1931

und Logis. Ferien gab es 5 Tage im Jahr – und obwohl ein Kaffee crème nur gerade 25 Rappen kostete, grosse Sprünge habe man da nicht machen können.

1931 wurde das Restaurant umgebaut und um den 1. Stock erweitert. Leonhard Hiltl, der spätere Ehemann von Margrith Rubli und Sohn von Ambrosius Hiltl, fertigte die Pläne für den Umbau an. Er, der eigentlich am liebsten Architekt geworden wäre, absolvierte dem Familienbetrieb zuliebe eine Konditorlehre. Seiner Initiative verdankte das Hiltl im gleichen Jahr auch die Einrichtung der ersten voll elektrischen Grossküche Zürichs – eine Sensation, die nicht nur in helvetischen Fachkreisen von sich reden machte. Gleichzeitig trat sein Bruder Walter als Küchenchef in den Betrieb ein, wo er in der Folge 40 Jahre lang wirkte. Gekocht wurde hauptsächlich nach den Rezepten von Mutter Martha Hiltl. Vegetarier wurden zu jener Zeit noch immer mit

1. Stock nach 1931

Skepsis betrachtet. Sie galten als eigen oder wurden gar als Spinner verhöhnt. Wer kein Fleisch ass, war kein rechter Mann.
1933 heiratete Leonhard Hiltl die Service-Mitarbeiterin Margrith Rubli. Gemeinsam führten sie nun das vegetarische Restaurant mit viel Engagement. 1951 reiste Margrith Hiltl als offizielle Delegierte der Schweiz an den Welt-Vegetarierkongress nach Delhi. Immer wieder kehrten auch Inder im Hiltl ein, denn für sie war die Auswahl in der konventionellen Schweizer Gastronomie dürftig. Rösti oder Gemüseteller waren dort die ewig gleichen Alternativen zum Fleisch. Das Hiltl muss ihnen wie eine Oase vorgekommen sein, denn Margrith Hiltl beriet die fremden Gäste. Kein Wunder, dass daraus auch freundschaftliche Beziehungen entstanden. Auf diese Weise erhielt Margrith Hiltl bei Bekannten in Indien Einblick in die faszinierende und vielfältige indische Küche.

Grosse Ehre für Margrith Hiltl: Der indische Premier- und Finanzminister Morarji Desai ist Gast in Zürich und im Hiltl.

Voller Enthusiasmus kam sie zurück. Was lag näher, als die gewonnenen Erkenntnisse in die Tat umzusetzen? Im Hiltl sollte man ab sofort auch indische Gerichte bestellen können, beschloss sie. Für Margrith Hiltl war vom ersten Augenblick an klar, dass dies eine willkommene Bereicherung und Erweiterung der Küche bedeutete. Allerdings waren Curry, Koriander, Kurkuma, Jeera und Kardamom in dem sich zwar weltoffen gebenden Zürich der 1950er-Jahre nicht so einfach aufzutreiben. Indische Freunde brachten deshalb die exotischen Gewürze und Zutaten auf ihren Reisen in die Schweiz mit. Beim Küchenpersonal allerdings kam Margrith Hiltl mit ihren indischen Gerichten gar nicht gut an. Kein Mensch würde solch ausländisches Zeug bei uns essen, spottete man und weigerte sich schlichtweg, das Gewünschte zu kochen. Margrith Hiltl liess sich nicht von ihren Plänen abhalten. In ihrer Privatküche bereitete sie die indischen Spezialitäten zu, bis eine ihrer Köchinnen die Zubereitung übernahm. Vorerst gab es indische Küche nur auf Bestellung. Doch immer mehr indische Gäste kehrten im Hiltl ein, und als dann auch noch die Swissair anfragte, ob man für die indischen Flugpassagiere das Essen liefern könne, waren bei den Angestellten die Widerstände endgültig gebrochen.

Als Leonhard Hiltl 1959 mit erst 53 Jahren starb, übernahm Margrith Hiltl die Geschäftsleitung. Dabei wurde sie von ihrem Sohn Heinz tatkräftig unterstützt. «Für meine Mut-

Nach der Renovation 1948

ter war das Restaurant fortan Familienersatz. Zu ihren Mitarbeiterinnen und Mitarbeitern war sie wie eine Mutter», erinnerte sich Heinz Hiltl. Margrith Hiltl interessierte sich noch mit achtzig Jahren für das Geschäft und schaute täglich vorbei. «Sie hat mich aber immer machen lassen und sich nicht in meine Geschäftsführung eingemischt, und dafür bin ich ihr dankbar», bekräftigte der Sohn.

Die 3. Generation

«Es ist mir keineswegs leicht gefallen, einfach so ins zweite Glied zurückzutreten und mehr und mehr meinen Sohn machen zu lassen. Als Rolf in unser Geschäft eintrat, war ich schliesslich gerade erst 53», analysierte Heinz Hiltl (1937–2001) die Stabsübergabe an seinen Sohn Rolf. Man glaubt ihm aufs Wort – hat er doch bis zuletzt immer wieder mit Neuerungen in der Fachwelt von sich reden gemacht.

Doch für einmal ging das Loslassen eines Seniors ohne Nebengeräusche über die Bühne. «Wenn man einen Nachfolger hat, der vorwärts stürmt, dann darf man ihn nicht bremsen, bis er alle Kraft verpufft hat.»

Lehr- und Wanderjahre, wie sie sein Sohn Rolf nach der Ausbildung absolvieren konnte,

Festschrift-Umschlag von Stammgast Alois Carigiet

blieben für Heinz Hiltl Wunschdenken. Nach dem frühen Tod des Vaters (der Sohn war gerade 22-jährig) hiess es für ihn, direkt nach der Hotelfachschule seine Mutter im Betrieb zu unterstützen. Interessante Parallele:

Auch Heinz wollte – genau wie Rolf 30 Jahre später – zuerst wissen, wer wann und warum vegetarisches Essen bevorzugt. Die damals durchgeführte Studie ergab unter anderem, dass Menschen unter 30 am ehesten bereit sind, ihre Ernährungsgewohnheiten zu ändern. Selber jung, war Heinz Hiltl davon überzeugt, ein jüngeres Publikum anlocken zu können, wenn es gelänge, ideologischen Ballast abzuwerfen.

Hanni und Heinz Hiltl

In den Jahren 1968 und 1969 besuchte Heinz Hiltl das vom Schweizer Hotelier-Verein erstmals angebotene Unternehmerseminar. «Das war ungeheuer spannend. Ich habe viele interessante Leute kennen gelernt. Das Seminar hat mich unglaublich inspiriert, und ich war voller Enthusiasmus», schwärmte er. Rund um das Restaurant hatte sich die Stadt in den letzten Jahrzehnten immer mehr ausgedehnt. So befand sich das einst am Stadtrand gelegene Lokal inzwischen im Zentrum. Noch kamen die Gäste aus allen Himmelsrichtungen, aber viele arbeiteten auch in den Bürogebäuden der näheren Umgebung. Grund genug für Heinz Hiltl, seine Visionen umzusetzen.

1973, nach einem spektakulären Umbau, eröffnete er das neue «Hiltl Vegi». Attraktiv und neu für Zürichs Gastro-Szene waren vor allem das Salatbuffet und ein reichhaltiges Angebot an natürlichen Säften. Der «Indian Tea and Ravaya Corner» im 1. Stock war eine Reverenz des Sohnes an die Mutter, die allen Widerständen getrotzt und indische Gerichte im Hiltl – vorerst nur für Inder auf Besuch in Zürich, später erfolgreich auch für das einheimische Publikum – eingeführt hatte. Mit dem neuen Konzept öffnete man sich für ein breites Publikum. Das Hiltl Vegi war zu einem Restaurant geworden, das sich in nichts von anderen Gaststätten unterschied, ausser dass es ausschliesslich vegetarische Gerichte servierte und seiner Zeit ein bisschen voraus war.

Das Restaurant nach dem Umbau 1973

Sorgte für Gesprächsstoff: Die Fassade mit den Acrylglas-Röhren

«Ich verzichtete bewusst auf Gewinnmaximierung und entschied mich für Gewinnoptimierung, wobei ich immer wieder überprüfte, ob mein persönlicher Einsatz im Betrieb noch mit der Zielsetzung für mich als Mensch, für uns als Familie übereinstimmte und ob ich die persönliche Verantwortung vor Gott für die Art und Weise des Einsatzes meiner Mitarbeiter übernehmen konnte. Denn geschäftlicher Erfolg war stets nur Teilziel meines persönlichen Lebensziels», zog Heinz Hiltl Bilanz. Als einer, der sich nicht nur um seine eigenen Angelegenheiten kümmert, war Heinz Hiltl auch aktiv in verschiedenen Gremien und Gastgewerbe-Organisationen engagiert. «Diese Engagements haben mich nicht nur Zeit gekostet, sie gaben mir auch immer wieder neue Impulse, und ich lernte viele Leute aus der Branche kennen.»

Neujahr 1998:
Rolf Hiltl startet ins nächste Jahrhundert

Die 4. Generation

Der Familienbetrieb interessierte Rolf Hiltl (geboren 1965) zwar schon als Dreikäsehoch, doch keinesfalls wollte er auf die einfache Tour und auf dem direkten Weg ins väterliche Geschäft einsteigen. So absolvierte er eine Kochlehre im Grand Hotel Dolder in Zürich, wo man die gute französische Küche nach Altmeister Escoffier pflegte – mit Fleisch versteht sich. Ein allzu eifriger Vegetarier war er sowieso nicht, musste er sich doch des elterlichen Betriebes wegen oft genug die Hänseleien seiner Mitschüler gefallen lassen.

Nach dem Dolder folgten die Hotelfachschule in Lausanne und Auslandsaufenthalte in San Francisco, Acapulco und Paris. Rolf Hiltl war voller Pläne, und am liebsten hätte er ein Bar-Restaurant in San Francisco eröffnet. Doch da zeigte sich, dass das Hiltl Vegi an der Sihlstrasse – zwar nach wie vor beliebt – ein bisschen träge geworden war und ein paar neue Ideen und etwas frischen Wind gut gebrauchen konnte. Vater Heinz Hiltl, der zu Beginn der 1970er Jahre mit seinem Umbau die Fachwelt schockierte, wollte Neues nur gemeinsam mit seinen Nachfolgern planen.
Seine Tochter Sonja wurde Kindergärtnerin, aber sein Sohn Rolf liess seine Auslandpläne fallen. «Ich glaube, mein Vater hatte schon manchmal Mühe mit mir, weil ich ständig wieder etwas veränderte und immer wieder Neues ausprobierte», schmunzelt er. «Aber bei uns Schweizern dauert halt auch alles immer so lange.» Rolf Hiltls Motto ist eher amerikanisch: «Trial and error» – ausprobieren und laufend verbessern – heisst seine Devise.

Eigentlich hätte sich der Urenkel von Gründer Ambrosius Hiltl auf seine Intuition verlassen können: Eine 1990 in Auftrag gegebene Studie bestätigte seine Vermutung, dass sich das Bild des Vegetariers grundlegend gewandelt hat. Statt heroischen Verzichtens ist lustvolles Verweigern angesagt, und wer wenig oder gar kein Fleisch isst, ist geradezu «in». Doch fleischlos ist weder lieblos noch lustlos – im Gegenteil: Der moderne Teilzeit-Vegetarier ist ein Feinschmecker, der gesundes Essen mit Genuss kombiniert. Diesem Trend trägt das heutige Konzept voll und ganz Rechnung. Gepflegte Weine und Spirituosen, aromatische Tees und Kaffee sind ganz selbstverständlich auf der Speisekarte, und auch gegen den blauen Dunst hat man nichts einzuwenden. Der von Rolf Hiltl entscheidend geprägte, 1993 erfolgte Umbau im Bistro-Stil signalisiert den neuen Stellenwert der vegetarischen Küche.

Am Abend fein ausgehen, gepflegt und lustvoll essen, und zwar in einem vegetarischen Restaurant – dieses Vergnügen war vor kurzem noch fast undenkbar. Heute ist es selbstverständlich. Von den Gästen, die im Hiltl bedient werden, sind rund zwei Drittel Frauen. «Frauen waren schon immer ernährungsbewusster und auch Neuem gegenüber aufgeschlossener», zitiert Rolf Hiltl seine Zukunftsstudie. «Es war für uns deshalb ein wichtiges Ziel, über die Frauen auch den Männeranteil zu steigern.» Dies ist zum Teil gelungen, denn immer mehr Männer aus den Büros der Umgebung verpflegen sich über Mittag bei Hiltl.

Am 1. Januar 1998 – hundert Jahre nach der Gründung des ersten vegetarischen Restaurants in Europa – hat Rolf Hiltl den Betrieb und damit die volle Verantwortung dafür von seinen Eltern übernommen. Er hat sich zu diesem Zeitpunkt wohl noch gar nicht vorstellen können, wie schnell die Popularität der fleischlosen Küche wachsen kann.

Entsprechend kamen vermehrt Anfragen für weitere Hiltl-Betriebe aus dem In- und Ausland. Aus diversen Gründen wurde aber stets abgelehnt. Im Jahr 2000 jedoch konnte zusammen mit Partnern, den Gebrüdern Frei, das erste «tibits by Hiltl» in Zürich bei der Oper eröffnet werden. Mittlerweile existieren in der Schweiz bereits drei «tibits» (Zürich Seefeld, Winterthur und Bern), die sich sehr hoher Beliebtheit erfreuen (www.tibits.ch).

Zum 100-Jahr-Jubiläum liess Hiltl die Fassade mit Gras überwachsen

Das Hiltl wird, wie seit 1898, auch in Zukunft als Unikat an der Sihlstrasse in Zürich durch die Familie Hiltl persönlich gepflegt und betreut werden. Durch den hohen Zuspruch bereits einige Jahre nach dem letzten Umbau von 1993 sah sich Rolf Hiltl gezwungen, sich mit der erneuten Erweiterung des Restaurants zu beschäftigen.

«Vom Umbau-Projekt 2005/2006 bin ich fasziniert, und ich freue mich enorm auf die baldige Umsetzung», sagt Rolf Hiltl. «Auch in Zukunft werden Innovation und Tradition ausgewogen vereint sein. Es wird mehr Luft geben, und das Lokal wird grosszügiger werden.» Die Gäste werden in Ruhe und in angenehmer Atmosphäre, ein gediegenes, vegetarisches Diner geniessen können. Neben der Erweiterung der Liegenschaft werden eine Bar, ein Bankett-Bereich, ein grösserer Take-away – und die neue Hiltl-Kochschule entstehen.

Und die nächste Erweiterung? Steht in den Sternen, aber Marielle und Rolf Hiltl ziehen drei kleine Kinder gross, und mit Céline, Léna und Téo bleiben die Möglichkeiten einer 5. Hiltl-Generation durchaus intakt …

www.hiltl.ch.

Die beste Werbung

Das Hiltl hat etliche prominente Gäste gesehen. Allein auf einer Seite des Gästebuches sind drei grosse Bühnendarstellerinnen vereint: Käthe Gold, Therese Giehse und Maria Becker. Der Zürcher Stadtpräsident Emil Klöti war ebenso zu Gast wie die Publizisten J. R. von Salis und N.O. Scarpi. Ihre Visitenkarten gaben die Dirigenten Furtwängler und Stokowsky, der Chirurg Professor Sauerbruch, der Clown Dimitri, der Forscher Auguste Piccard, die Tänzerin Josephine Baker und der Filmschauspieler Hardy Krüger. Besonders angetan war Margrith Hiltl von dessen Kollegen Paul Hubschmid, dem sie sagte, sie schaue sich gern seine Filme an, weil er so schön küssen könne. Einige der Gäste hinterliessen auch ein paar freundliche Zeilen. Zum Beispiel Alois Carigiet: «Der Weg zu Hiltl ist für mich eine Einladung an mich selbst: Zu Ruhe und Vernunft.»

Stephan Eicher, Musiker

Wenn ich nicht schon fast Vegetarier wäre, würde ich hier einer.
Herzlichen Dank für die asiatische Note im Währschaften, und für das Bodenständige im Orientalischen.
Martin Suter, Schriftsteller

«Ich liebe das Hiltl für sein gesundes Essen, die herrlichen Mango-Glacen und das Bio-Bier. Mit dem Herbstteller hatte ich vor Jahren eine ‹love affair› und das Salat-Buffet repräsentiert eine stete Qual der Wahl.»
Hannes B(ühler), Mode-Designer, dem es nach Auskunft aus gut unterrichteter Quelle Rotkraut mit Dinkelspätzli besonders angetan haben.

«It was great»
Gianna Naninni

«Ein exquisites Essen in grosser Auswahl – für Vegetarier eine grosse Seltenheit. Speziell auf Auslandreisen schmerzlich von mir vermisst.»
Noëmi Nadelmann, weitgereiste Zürcher Opernsängerin.

«Ich gehe gern ins Hiltl wegen der frischen, gesunden Küche und vor allem wegen dem feinen und grosszügigen Buffet.»
La Lupa, Sängerin

Es ist uns eine Freude ein hervorragendes Essen in einer wunderbaren Ambiance zu geniessen!! Macht weiter so!!
Natascha Badmann, Triathletin

Don't FORGET BAGHDAD
Magnolien blühen,
eine kalte Bise lässt uns frösteln,
eine Diktator fällt,
Donnergrollen weit weg.
Es ist Frühling,
Frühling eines neuen Jahrhunderts.
Hoffen wir auf Demokratie, Gerechtigkeit
und Menschenwürde in der ganzen Welt!
Hiltl-Vegi ist so gesehen eine Bastion
gegen eine globale Mc-Kultur!
Jeder trägt dazu bei, Sorgfalt im
Umgang mit der Welt aufzubauen.
Mit Speisen und mit Filmen...
Samir, Filmregisseur

«Als ein guter Freund, ein Inder-Tamil, sagte, er gehe nach Genf an ein Familienfest und freue sich auf das Buffet, spöttelte ich: Wie reich kann schon ein vegetarisches Buffet sein. Zur Belehrung lud er mich ins Hiltl ein. Was alles auf den Teller kommen konnte, brachte mich von meiner falschen Meinung ab. Seither geht es mir wie meinem Bekannten, ich freue mich auf das Buffet, nicht mehr aus pädagogischen Gründen, sondern aus kulinarischen.»
Hugo Loetscher, Schriftsteller

«Einfach jederzeit super im Hiltl – man geht voll Energie von hier weg.»
Vera Kaa, Sängerin

«When it comes to this restaurant, I am not neutral. I have a clear position: excellent.»
Avraham Hirschson, israelischer Parlamentarier.

Pesto heaven!
Jimmi Sommerville, Musiker

«If it grows, you feed it to people in the most wonderful way: in a healthy and pleasant way. See you next time.»
Israel Singer, vom World Jewish Congress. Seine Schweizer Frau ist als Kind mit ihren Eltern im Hiltl eingekehrt und war schon damals begeistert.

schwii-tiir
& sau guat...
Sina

Sina, Mundart-Rocksängerin

«Just returned from an European trip, ate in marvelous 3 & 4 star restaurants, London, Paris, Burgundy, Alsace, Provence, Munich, Rome, and on the Crystal Harmony Ship – and the best food we had was at Hiltl.
Understand, I love meat. I was raised by German parents in the USA and we had meat 3 times a day. But your restaurant is so innovative and well run and the food is so delicious I could easily become a vegetarian if I lived in Zurich. And the waitresses are so pleasant and happy it must reflect your good management.
Are you interested in opening a Hiltl in Beverly Hills? Or Brentwood? It would be inundated with customers, you would have lines of people waiting to get in.»
David Swift, Filmproduzent, Regisseur und Drehbuchautor in L. A. (Filme mit Jack Lemmon, Jodie Foster, Glenn Ford, David Niven, Romy Schneider)

Thank you very much for a wonderful evening. Hope to see you in London soon.
Anton Mosimann

Vom höchsten Punkt im Kanton Zürich habe ich das «Hiltl» auch ohne Kompass gefunden...
Es war hervorragend!
Simone Luder-Niggli, OL-Weltmeisterin

Besten Dank für die Einladung im Namen der ganzen «Compania». Ich wünsche Ihnen alles Gute im kommenden Jahr.
Jimmi Sommerville, Musiker

Thanks for a
fabulous "veggie" meal,
great service,
food,
and ambience.

LONG MAY YOU PROSPER!.....
Paul McCartney.
....and expand!!
Heather McCartney
3.06.04.

Paul McCartney, Heather McCartney

Wieso hat Hiltl noch nicht die fleischlose Apfelröschti im Angebot?
... man kann ja nicht alles – aber Hiltl kann viel!
Emil

«Die vegetarische Küche des Hiltl ist in ihrer Vielfalt kaum zu übertreffen. Zu hoffen ist trotzdem, dass der Erfolg nicht noch grösser wird, weil sonst selbst um zehn Uhr nachts kaum noch ein freier Tisch zu finden ist.»
Paul Rechsteiner, Nationalrat

«Salud pasta y buena lechuga. Nos vemos otra vez.»
Heroes del Silencio, Rockband

Well what can i say one of the finest vegetable selection ever. The food, the place, ambiance, atmosphere, talks.
We'll love to come again and again and again.
Very friendly, smiling and pleasure staff.
Mayur Verma, Bollywood-Star

«Besonderes Essen in unkompliziert-lockerer Atmosphäre führt uns immer wieder mal ins Hiltl: Begeistert bin ich vom vielfältigen, kreativen Salatbuffet, das in Zürich einmalig ist. Ich schätze aber auch die Suppen, die Rösti und die Pâtisserie – alles tagesfrisch. Vegetarisch essen ist im Hiltl keine Religion, sondern ein Genuss. So vielfältig wie die Gerichte sind auch die Gäste. Eine buntgemischte Schar, viele junge Leute und flinkes, freundliches Personal sorgen jeden Tag für frische Laune.»
Das Schlusswort gebührt dem ehemaligen Stadtpräsidenten von Zürich, Josef Estermann

Hiltl Catering

Hiltls vegetarische Leckereien sind bei grösseren Veranstaltungen in Zürich und anderswo gefragt – ob am Züri-Fäscht, wenn Wurstdämpfe den Himmel über Zürich verschleiern, im Kino am See, am Live at Sunset, an Rockkonzerten. Parties oder andern öffentlichen wie privaten Anlässen. Drinnen und draussen.

Vom Nutzen der vegetarischen Küche

Gesundheitliche Vorteile für Vegetarier sind seit etwa zehn Jahren wissenschaftlich eindeutig belegt. Aus gut kontrollierten Studien an Vegetariern wissen wir, dass eine Ernährung ohne Fleisch und Fisch, dafür mit viel Gemüse, Kartoffeln, Obst und Getreideprodukten sowie Milch und Eiern nicht nur keine Defizite an Nährstoffen, sondern erhebliche gesundheitliche Vorteile bietet.

So findet man nahezu alle Risikofaktoren für die ernährungsabhängigen Volkskrankheiten wie Bluthochdruck, Herzinfarkt, Diabetes mellitus, Gicht u.a. bei Vegetariern wesentlich geringer ausgeprägt als bei Gemischtkostlern. Krebs kommt bei Vegetariern im Schnitt um zwei Drittel seltener vor. Und in letzter Zeit wird auch bestätigt, dass Vegetarier länger leben. Ursachen dafür sind der niedrigere Kaloriengehalt der vegetarischen Kost – übergewichtige Vegetarier gibt es fast nicht – sowie der geringere Fett- und Cholesteringehalt. Dies hat zur Folge, dass Herzinfarkte bei Vegetariern um über 60 Prozent seltener sind. Gleichzeitig enthält die vegetarische Kost nahezu alle Nährstoffe in der Menge, wie sie von den nationalen und internationalen Ernährungsgesellschaften (vergeblich) gefordert werden. Die hohe Ballaststoffaufnahme von etwa 40 g pro Tag sorgt nicht nur für aktive, normale Verdauung, sondern hilft auch, vielen Zivilisationskrankheiten vorzubeugen. Die Einbeziehung von Milch führt darüber hinaus zu einer stabilen Versorgung mit biologisch hochwertigem Eiweiss sowie ausreichender Vitamin-B12-Zufuhr.

Prof. Dr. med. Helmut Rottka,
Freie Universität Berlin

Vegetarier nach Lust und Last

Im Hiltl kommen alle Vegetarier zu einem genussvollen Essen.

Teilzeit-Vegetarier

Ernähren sich hauptsächlich vegetarisch, machen jedoch gewisse Ausnahmen, zum Beispiel bei Fisch oder Geflügel. Über 90% der Hiltl-Gäste zählen sich zu den Teilzeit-Vegetariern.

Ovo-Lacto-Vegetarier

Essen nichts, das aus getöteten Tieren hergestellt wird, also keine Wurst, kein Geflügel, keinen Fisch, keine Gelatine, keine Schlachtfette usw. Das Essen im Hiltl ist ovo-lacto-vegetarisch.

Lacto-Vegetarier

Essen zudem auch keine Eier (Produkt tierischer Herkunft). Eier sind in den Rezepten und auf unserer Spezialkarte im Restaurant genau deklariert (O).

Ovo-Vegetarier

Essen Eier, aber keine Milchprodukte (Produkt tierischer Herkunft). Milchprodukte sind in den Rezepten und auf unserer Spezialkarte im Restaurant genau deklariert (L).

Veganer

Meiden alle tierische Nahrung (inklusive Lebensmittel tierischen Ursprungs wie Milch, Milchprodukte, Eier und Honig) und vermeiden tierische Produkte oft auch in allen Lebenslagen, zum Beispiel bei der Kleidung (Lederjacken, Lederschuhe etc.). Vegane Gerichte sind in den Rezepten und auf unserer Spezialkarte im Restaurant genau deklariert (V).

Signaturen:
(V) vegan
(L) mit Milchprodukten
(O) mit Eiern
(G) mit Gluten

Herkunftsdeklaration:
Milch und Eier sind Bio-Produkte aus Schweizer Knospenbetrieben

Glossar der schweizerischen Begriffe

Aubergine – Eierfrucht
Baumnuss – Walnuss
Bifidus-Joghurt – Sanoghurt
Eierschwamm – Pfifferling
einreduzieren – reduzieren, einkochen
Essiggurke – Delikatessgurke
Glace – Eis, Speiseeis
Guetsli – Keks, Plätzchen
Kartoffelstock – Kartoffelpüree
Kefen – Schnee-Erbsen
Lauch – Porree
leicht verklopfen (Eier) – leicht schlagen
Lime – Limette
Maizena – Speisestärke
Marroni – Maronen, Esskastanien
Pastmilch – pasteurisierte Milch
Peperone – Paprika(schote)
Peperoncino – Chilischote
Röstiraffel – Reibe für Kartoffeln, Äpfel usw.
rüsten – putzen, säubern
Stangensellerie – Bleich- oder Staudensellerie
Wirz – Wirsingkohl

Individuell würzen

An Stelle von Steinsalz verwenden die Hiltl-Köche Meersalz. Das köstlichste Meersalz ist Fleur de Sel, Salzblüte. Pfeffer soll immer frisch verwendet werden, in der Mühle gemahlen oder im Mörser gebrochen. Bei Salz und Pfeffer wird auf Mengenangaben verzichtet, denn Abschmecken ist sehr individuell.

Einige der verwendeten Gewürze sind unter verschiedenen Bezeichnungen im Handel zu finden. Zum Beispiel:
Hing – Asafötida – Teufelsdreck
Kreuzkümmel – Jeera
Kurkuma – Gelbwurz – Turmeric – Haldi
Methi – Bockshornklee – Fanugreek

Hiltl Werbung

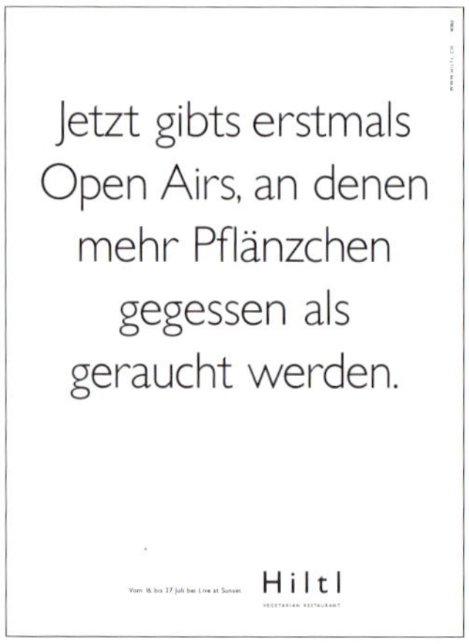

Vegetarische Ernährung hält den Kopf frisch und
stimuliert das Gehirn. Wer noch zweifelt,
schaut sich am besten auf der Hiltl-Website um: www.hiltl.ch
Und führt sich unsere Werbung zu Gemüte.